KB261874

enjoy
happiness

당신의 행복을 설계해 드립니다

이훈구 지음

법문사

책을 펴내면서

이 책은 내가 심리학을 45년간 공부해 오면서 배워 알게 된 사실, 그리고 지금껏 살아온 나의 인생을 통해 어떻게 하면 사람들이 행복을 선택할 수 있을까 하는 나의 직관을 담은 것이다.

이 책에서는 행복에 관한 심리학적 이론과 연구를 다루지는 않는다.

물론 그것들이 나의 책에 참고사항이 되겠지만 어디까지나 이 책의 내용은 실제 내가 체험하고 주변에서 관찰한 사실을 토대로 한 것이다.

즉 나의 주변 사람들, 내가 빈곤층을 상담한 사람들을 토대로 어떻게 하면 행복에 젖어들고 어떻게 하면 고통의 나락으로 떨어지는가를 실사례를 통해 분석했다.

행복설계란 무엇인가

내가 정년퇴직한 후 해보고 싶은 새 직업이 있다.

그것은 지금까지는 없었던 신종 직업이다. 이름하여 '행복설계사'이다.

심리학은 결국 인간이 행복하기 위한 방법이 무엇인가를 연구하기 위한 것이고 내가 심리학을 45년간 연구한 결과도 그런 쪽으로 정리할 수 있을 것이다.

그럼 구체적으로 내가 할 일은 무엇인가?

행복을 설계해주는 서비스이다. 어떤 식으로 설계하는가?

건축설계사는 고객의 취향, 그리고 고객의 뜻에 따라 집을 설계해 준다. 마찬가지로 행복설계사도 고객을 만나 그의 취향과 그의 지향하는 바를 토대로 행복을 설계해준다.

나의 고객의 연령층은 적게는 대학입시를 앞둔 입시생으로부터 많게는 노인까지이다.

우리의 일생은 인생의 중요한 갈림길에서 우리가 어떤 결정을 하느냐에 따라 달라진다. 나의 경우를 회고해 보면 내가 인생의 갈림길에서 가장 잘 결정하는 것은 심리학을 하기로 결심한 것이다.

이것도 누가 가르쳐준 것이 아니다. 우연히 읽어본 책 한 권 때문이다. 즉 고 윤태림 교수 저 '심리학 입문'이 나의 일생을 정해주었고 행복을 가져다주었다. 그 때 만일 내가 집안의 압력에 굴복하여 사범대학에 입학했더라면 아마 나는 평생 불행했을 것이다. 이렇게 우리의 일생을 주위사람들이 잘못 오리엔팅하고 있다.

결혼, 직업 선택도 우리의 행복을 좌우하는 아주 중요한 갈림길이다. 그러나 우리는 짧은 안목, 부족한 정보로 우리의 중요한 선택을 너무 쉽게 해 버리곤 한다. 그리고 땅을 치고 통곡을 하지만 이미 엎질러진 물이다.

나는 2년 전 부터 서대문 무악동 평화의 집에서 저소득층을 대상으로 상담서비스를 하고 있다. 이 상담에서 얻은 한 가지 결론이 있다. 그것은 저소득층의 가난의 대물림되는 여러 가지 이유 중 하나가 그들에게 올바른 길을 가르쳐 줄 멘토가 없다는 사실이다.

반면 가난하고 못 배웠다하더라도 옳은 선택을 하면 그는 가난의 굴레에서 벗어날 수 있다. 그들의 가난이 계속 대물림되는 현상은 바로 멘토 부족 때문이다.

물론 그렇다고 중상류층의 자녀들의 주위에 항상 훌륭한 멘토가 있는 것은 아니다. 그들의 부모는 이미 쉰 세대이고 앞으로 우리에게 다가올 사회 및 과학 발전에 대해 무지하다. 그래서 자녀들의 좋은 멘토가 되지 못한다.

나의 행복설계는 단 한 번의 상담으로 끝나지는 않는다. 서로 자주 만나 계획을 수정하기도 하고 또 계획이 잘 추진되는가를 확인하기도 하고 또 추진상의 애로도 경청할 것이다.

또 나는 훌륭한 행복설계사가 되기 위해 계속 공부해야할 것이다. 무엇보다 우리사회가 어떤 식으로 발전하고 세계가 어떤 방향으로 움직이고 있는가를 주시해야할 것이다. 그리고 다른 전문가 예건대 경제학자, 사회학자, 철학자등의 자문도 받아야할 것이다.

나의 직업은 나에게 뿌듯한 자부심을 안겨 줄 것이다. 왜? 행복을 가져다주는 지상의 천사 역할이 나의 직업이기 때문이다.

행복의 기초공사

행복의 기초공사 1
부모-자식 간의 사랑

사람의 행복을 결정짓는 가장 강력한 원인 중의 하나를 꼽으라면 그것은 당연히 부모로부터 받는 사랑이다.

발달심리학, 임상심리학, 정신병에 관한 연구는 한결같이 유아가 건전한 정신적 육체적 발달을 하려면 부모의 완전한 사랑이 절대적임을 역설하고 있다.

예컨대 에릭슨은 유아가 부모로부터 충분히 사랑을 받으면 낙천적인 성격의 소유자가 되지만 그렇지 않으면 열등감, 자존심의 결여를 초래한다고 말한다.

내가 실제로 많은 사람을 상담한 경험을 통해 보아도 우울증, 정신분열증을 가진 내담자의 거의 대부분이 부모로부터 사랑을 받지 못한 사람들이다.

자녀를 사랑하지 않는 부모에는 크게 두 가지 유형이 있다.

하나는 부부간의 불화로 자녀를 방임하는 경우이다. 즉 부부가 잦은 부부 싸움 때문에 자녀를 충분히 돌보지 못하는 것이다.

두 번째 유형은 부모가 가진 자신의 문제 때문에 자녀를 학대하고 편애하는 것이다. 예컨대 아버지의 알콜 중독, 성격장애 등으로 자녀가 괴로움을 당하는 것이다.

어머니보다는 아버지의 횡포가 더 많다.

최근 내가 상담한 케이스는 아주 전형적인 아버지의 정신적 학대를 보여준다.

내담자는 30대 후반의 여자였고 그의 아버지로부터 학대를 당했다. 아버지는 할아버지로부터 유산상속을 받아 큰 건물의 주인이자 회사 사장이 되었다. 그러던 아버지가 타인의 빚보증을 잘못 서 재산을 순식간에 잃어버렸다. 자신의 회사에 종업원이었던 사람과 결혼한 아버지는 그 후부터 툭하면 아내를 구타하고 부부싸움이 끊일 날이 없다.

이 때문에 30대 후반의 여자 내담자는 어릴 때부터 잠을 깊이 잘 수 없었다. 밤 사이에 어머니가 아버지로부터 얻어맞아 가출하는 경우가 잦았기 때문이다. 아버지는 성격이 불같아 내담자가 어렸을 때 목욕을 하고 있는데 집이 덥다고 그녀를 알몸으로 집밖에 내쫓을 정도였다. 내담자가 결혼한 후 부모는 별거에 들어갔고 어머니는 아들과 함께, 딸은 아버지와 같이 살고 있다.

이렇게 내담자의 아버지와의 악연은 결혼 후까지 지속되고 있다. 요즘은 아버지와 마주치기가 싫어 아버지가 거실에 있으면 방에서 나오지도 못한다. 그러다보니 불면증이 깊어졌다. 5년 전부터 정신과를 수없이 들락날락했지만 별 효과를 보지 못하고 있다. 요새는 너무 무기력한 나머지 바깥출입도 못해 정신과도 제대로 통원하지 못할 정도다.

그녀는 지금 아버지와의 갈등뿐만 아니라 아버지와 남편간의 갈등에 어깨의 힘이 더 빠지고 있다. 그녀의 딸조차 자기와 같이 불안 증세를 보인다. 등교하고도 하루에 수 십 번씩 집에 전화를 해 엄마의 안위를 걱정하고 있다. 아버지의 횡포는 딸은 물론 손녀까지 2세대에 걸쳐 검은 그림자를 드리우고 있다.

나는 무슨 수를 써서라도 아버지를 다른 곳에 위탁시키라는 말밖에 할 수가 없었다. 그녀의 아버지는 일찍부터 정신병동에 감금되었어야 하는 사람이다. 가정폭력법이 제정되었어도 모녀는 경찰로부터 적절한 보호를 받지 못하고 있다.

우리 행복의 설계는 스스로가 아닌 부모로부터 결정된다는 것은 지극히 불행한 일이 아닐 수 없다. 자녀가 부모를 선택할 수도 없거니와 자기의 행복도 스스로 설계할 수 없다.

그런 만큼 부모의 역할, 부모의 처신이 중요하다. 부모는 마땅히 자녀를 낳아 기를 능력과 자격이 있어야 자식을 낳아야한다. 그러나 우리는 너무 안이하게 자녀를 낳고 너무도 쉽게 부모가 된다.

위 사례는 부모의 사랑이 자녀의 행복을 좌우한다는 심리학적 행복론을 재삼 확인하는 대표적 사례다.

행복의 기초공사 2
직업치료사

미국 동부지역 대학 심리학과에는 직업치료사 자격증을 주는 곳이 많다. 아동심리, 사회심리, 발달심리, 산업심리 등의 전공을 한 심리학 석사들이 시험을 거쳐 얻는 심리학 자격증이 바로 직업치료사다.

직업치료사가 하는 일은 기업에서 종업원의 의욕, 직장스트레스 등의 문제를 치료해 주는 것이다. 임상 및 상담심리학자들이 하는 일은 개인적인 스트레스와 정신과적 문제를 치료해 주는 것이다. 물론 이들이 직장문제를 가진 사람을 치료할 수도 있다.

그럼에도 불구하고 많은 동부지역 대학이 OT(Occupational Therapist; 직업치료사)를 구태여 배출하는 이유는 그만큼 직장의 문제가 개인이나 회사에 큰 영향을 주기 때문이다.

저자의 생각에는 직장은 결혼생활보다 우리의 행복에 더 큰 영향을 준다.

설사 사이가 안 좋은 부부라 하더라도 서로 부부가 하루 중 마주 칠 수 있는 시간은 그리 길지가 않다. 기껏해야 너 댓 시간? 그러나 직장동료와는 최소한 하루 8시간 생사고락을 같이 해야 한다.

그러므로 직장동료와 사이가 안 좋으면 그것은 부부간의 불화 이상으로 우리의 행복을 갉아 먹는다. 저자가 펼치고 있는 인터넷 인생 상담에서도 직장에서 동료와 갖는 마찰 때문에 고통을 호소하는 사람이 부적 많다.

그러므로 우리의 행복을 결정하는 두 번째의 가장 강력한 원천을 꼽으라면 그것은 단연코 직장 또는 직업이다.

직장 내의 인간관계가 우리의 일상행복에 첩경이기도 하지만 그보다 더 절실한 문제는 과연 직업이 자기의 적성에 맞는가하는 것이다.

직업은 기본적으로 자기 적성에 맞고 자기에게 보람을 주는 것을 택해야 한다.

바로 자신이 택한 직업을 통해 우리는 자아실현은 물론 삶의 의미를 느끼게 된다.

그러나 우리는 너무나 쉽게 자신의 전공을 그리고 자기의 직업을 택한다.

요즘 취업이 하늘에 별 따기라니까, 대학을 졸업하고 다시 교육대학에 편입해 초중고 교사자격증을 따려는 사람이 속출한다. 의사와 판검사가 되라는 부모의 압력에 못 이겨 의과대학, 법과대학에 지망한다.

그러나 이런 식으로 진로와 직업을 택해서는 절대로 행복할 수가 없다. 경제가 어려울수록 우리는 자신의 적성보다는 취업이 잘 되는 곳에 자신을 내던지는 잘못을 저지른다.

지난 10월 '심리학 바다'라는 심리학을 사랑하는 사람들의 인터넷 정모에 초대받아 간 적이 있다. 회원들로부터 심리학에 관한 질문을 받았는데 그 중 여학생 하나가 엉뚱한 질문을 했다. "선생님이 생각하는 행복은 무엇이에요" 하고 물었다. 나는 두말없이 자기가 하고픈 일을 하는 것이라고 잘라 말했다.

그 모임이 끝나고 다음 날 '심리학 바다'에서 운영하는 홈페이지에 들어가 보았더니 엊저녁 나에게 질문했던 여학생의 글이 떠올라 있었다. 부모님의 짐을 생각해 심리학과 대학원 진학을 포기하고 회사에 취업원서를 내려던 생각을 바꾸었다는 내용이다. 나의 충고에 격려를 받았기 때문이다. 그 여학생이 부디 대학원에 입학하고 심리학을 열심히 해 훌륭한 심리학자가 되기를 바라는 마음 간절하다. 그리고 평생 행복을 누리기를 기원한다.

자신의 행복은 자기가 설계해야 한다. 그리고 그 첫 걸음은 자기의 적성을 정확하게 파악하고 그에 따른 알맞은 직장을 선택하는 것이다.

어떤 철학자가 '결혼은 해도 후회, 안 해도 후회'라는 묘한 결론을 내렸다.

분명 결혼생활에 구속과 의무가 있긴 하지만 그러나 결혼은 잘 설계만 하면 행복을 담보한다.

무슨 근거로 그렇게 말하는가? 크게 두 가지가 있다. 행복심리학자들이 조사한 바에 따르면 미혼자보다는 기혼자가 더 행복한 것으로 나타났다. 둘째 라헤와 홈스가 조사한 각종 일상생활 스트레스가 우리에게 주는 악영향을 살펴보면 제일 큰 스트레스가 배우자의 사망이다.

특히 노인층에서 배우자의 사망은 바로 본인의 사망으로 이어지는 예가 허다하다.

물론 이 경우 두 노부부는 서로를 극진히 사랑한 경우이다.

주지하는 바와 같이 결혼은 잘못하면 아니 한만 못하다. 그래서 결혼 역시 직장처럼 잘 계획하고 설계해야 한다.

어떻게 설계해야 하는가? 우선 자신이 좋아하는 배우자 상을 잘 그려야 한다. 구체적으로 말한다면 자신과 가치관, 성격, 인생관이 맞아야 한다.

그러나 젊은이들은 자신의 배우자 상에 관해 막연하거나 구체적인 생각을 하지 않는 경우가 허다하다.

나는 젊었을 때 나의 애인이 담배를 피는 첨단을 걷는 여성이면 좋겠다는 엉뚱한 생각을 했었다. 담배가 여성 특히 임산부에게 얼마나 치명적 영향을 주는가를 안 지금 생각하면 나의 배우자 상은 너무 허망하고 유치한 것이었다.

또 하나 경계해야 할 사항은 남자의 첫 눈에 반한 사랑이다. 작년 일요일(10월 23일) EBS의 명화감상 프로그램에서 '레이디 이브'를 보았다. 이 영화는 1941년에 제작한 영화로 고전중의 고전이다. 헨리 폰다가 떠꺼머리 총각으로 나오고 바바라 스탠윅이 처녀로 분장했다. 이 영화는 총각이 사기꾼 처녀에게 현혹되는 과정을 아주 코믹하게 다룬 것이다. 같은 사기꾼 처녀인데도 이를 간파하지 못하고 가슴만 태우는 숫총각의 고민을 아주 코믹하게 묘사했다.

물론 여자도 남자처럼 첫눈에 반한 사랑을 한다. 그러나 대부분의 여자는 남자보다 더 현실적이어서 연애상대와 결혼상대를 구분할 줄 안다.

요즘 미국에서는 동양에서 부모가 자녀의 결혼에 관여하고 어떤 경우에는 짝을 지어 주는 것에 대해 생각을 달리하는 풍조가 일고 있다. 얼마 전 까지만 해도 그것은 중세기적 사고방식이라고 폄하하였다. 그러더니 요즘 그런 풍습이 오히려 좋은 결혼설계가 아니냐하는 식으로 바뀌어 가고 있다. 이와 같은 식의 사고 변화는 미국인들의 빈번한 이혼 때문이다.

그러나 높은 이혼율은 '강 건너 불'이 아니다. 우리 사회의 젊은 이들도 너무 쉽게 이혼 한다. 그래서 행복하려면 미리 결혼을 잘 설계해야한다. 자신에게 어울리는 배우자 상이 무엇인가를 구체화, 명료화해야 한다. 그리고 이때 혼자 생각하기보다는 부모, 선배, 심리학자의 도움이 필요하다.

'행복은 결혼을 잘 설계하는 사람만의 것이다'라고 말해도 과언이 아니다.

행복의 기초공사 *4*
돈과 행복

돈과 행복과의 관계는 어떤가? 돈이 많으면 많을수록 좋을 것 같고 가난한 사람이 더 없이 불행할 것 같다. 이는 어느 정도 맞는 말이다.

디이너(Diener)가 조사한 바에 따르면 세계 각국에서 주관적 안녕(행복감)이 높은 나라는 경제가 발전한 나라다. 즉 국민 1인당 총 소득은 주관적 안녕감과 관계가 있었다.

그러나 경제수준에는 임계치가 있어 어느 정도 수준을 넘어서면 그 이상 행복이 늘어나지 않는다. 미국의 경우 1950년대부터 급격한 경제성장이 이어졌다. 그러나 그에 비례하여 국민의 행복감이 높아지지는 않았다.

의식주에 불편을 느끼는 사람이 행복할 수는 없다. 그러나 문제는 의식주가 해결되고 그 이상의 부를 쌓는다고 해서 그에 비례해 행복이 보장되지는 않는다.

내 친구가 지나가는 말로 재산이 8억 이상이 넘으면 그 때부터 골치가 아파진다고 한다. 그는 경제학을 공부하는 대학교수이기 때문에 터무니없는 이야기를 하지 않겠지만 그가 말하는 8억은 근거는 없다.

다만 그가 말하고자 하는 바는 이런 것일 것이다. 재산이 8억 이상이면 그것을 굴려 더 많은 부를 쌓고자 한다. 그러니까 골치가 아프다. 반면 재산이 적으면 부동산 투자도, 증권투자도 할 수 없으니 마음 편하다는 논리일 것이다. 그러나 그가 말하는 8억은 서민에게는 너무 많은 액수인 것 같다.

수전노는 행복할까? 그가 돈을 매일 세어보고 많은 양의 돈을 보고 즐거워할 것이다. 그러나 객관적으로 보면 그는 가장 불행한 사람이다. 돈을 쓰는 맛을 모르기 때문이다. 내 친구 중에 아주 어렵게 살던 친구가 있다. 어떻게 대학을 다녔는지는 몰라도 졸업 후 같은 직장에 다닐 때 늘 돈이 없어 이 친구 저 친구에게 빚을 졌다. 그리고는 갚지를 않았다. 결국 그는 동료로부터 왕따를 당하였다.

그런데 그 친구가 결혼하고 나서부터 생활이 풀리기 시작했다. 부인도 사업을 따로 해 엄청난 부를 축적했다. 그런데 그 친구는 돈을 쓸 줄 모른다. 친구한테 술 한 잔 사는 법이 없다. 어떻게 보면 돈의 노예가 된 사람이다. 그가 주관적으로는 행복할지는 모르지만 제3자가 볼 때는 불행한 사람이다.

미국의 심리학자들이 복권에 당첨되어 벼락부자가 된 사람을 집중적으로 연구했다.

그들의 생활수준은 크게 향상되어 품위 있는 생활을 할 수 있었다. 그러나 이들이 보통시민보다 월등하게 행복하지는 않았다. 오히려 불행한 사람도 생겨났다. 돈이 많아 조강지처를 버리고 이혼한 사람, 친척과 친구들이 사업자금을 빌려달라고 쫓아 다녀 사생활이 엉망이 된 사람이 많았다.

의식주에 불편이 없고 어느 정도 문화생활을 할 정도의 돈은 물론 필요하다. 그러나 돈이 있어서 행복한 것은 돈을 제대로 쓸 줄 아는데서 온다. 여행도 하고 친구에게 밥을 사줄 수 있어야한다.

늙으면 돈이 필요 없게 된다. 젊었을 때와 같이 술 먹을 기회도, 좋은 옷 입고, 여행갈 일도 많지 않다. 그래서 상당히 돈에 초연할 수 있을 것 같다. 그런데 정 반대의 현상이 일어난다.

노인일수록 돈을 좋아한다. 왜 그럴까? 아마 불안해서 그럴 것이다. 저축원금을 깎아 먹어도 죽을 때까지 충분히 쓸 수 있는데도 불구하고 많은 노인들이 원금 까먹는 것에 공포를 느낀다. 아마 자기 생명이 영원할 것이라고 착각한 때문일 것이다.

곤궁하지 않으려면 부지런히 일하고 열심히 공부해야 한다. 따라서 부를 축적하는 것도 설계를 해야 한다. 그러나 이에 못지않게 중요한 것은 죽기 전까지 느긋하게 그리고 초연하게 축적한 부를 쓰는 계획도 세워야한다. 그러려면 남다른 인생관을 정립해야하고 소비설계도 해야 한다.

수전노처럼 논 쓰는 데 바들바들 띨면 그 재산은 결국 자식에게 넘어가고 자식의 일생은 망치게 된다. 많은 유산상속은 득이 되기보다 독약이 되기 때문이다. 재산을 불리는 것도 중요하지만 쓰는 것도 중요하다.

행복의 기초공사 5

건강의 행복론

건강은 행복과 어느 정도 관계가 있는가?

성경구절에 보면 건강이 아주 중요한 것으로 나와 있다.

'천하를 얻은들 무슨 소용이 있으리오, 건강하지 않다면'.

그러나 행복심리학자들이 행복에 영향을 주는 여러 가지를 분석해보면 건강이 주는 영향은 의외로 미미하다.

척추마비환자를 일반인 또는 로또복권당첨자들과 주관적 안녕 측면에서 비교한 연구를 보아도 척추마비환자들은 과거를 다른 두 비교집단보다 더 행복한 것으로 회상했을 뿐 그들의 현재나 미래 행복 체감 도는 예상외로 낮지 않았다.

아마도 그들은 이미 불편한 신체에 적응했고 또 자신을 부정적으로 보기보다 긍정적으로 보려는 심리가 깔려있기 때문일 것이다.

그러나 사실 건강은 성경의 말대로 최고의 행복을 담보하는 것이다.

나의 실제 경험도 그렇다. 내가 쓴 '행복의 심리학' 책에서 언급했지만 정구를 치다 아킬레스 근이 파열되어 몇 달간 기브스를 하였을 때 나는 건강의 중요성을 절감했다. 빨리 일어나 구슬땀을 흘리며 정구를 치고 운동 후 맥주를 실컷 마시기를 간절히 바랬다. 그리고 세상에서 제일 불쌍한 사람이 바로 병원 침대에 누워있는 사람이라고 생각했다.

그런데 왜 사람들이 선상을 행복의 중요한 요소로 간주히지 않을까? 그것은 우리가 늘 건강하고 아픈 경험을 갖지 못했기 때문

이다. 즉 건강을 당연한 것으로 간주하기 때문이다. 마치 공기의 중요성을 인식하지 못하듯 건강의 중요성을 간과하고 있는 것이다.

나는 척추마비환자들이 자기의 주관적 안녕감을 일반인 수준으로 보고하는 것은 그들의 절제된 행복감 때문이라고 본다. 절제된 행복감이란 자기가 생각하는 최고의 행복감수준을 낮추어 잡는 것이다. 더 나아가 아마 그들은 자기의 행복을 하향 비교하는지 모른다. 암에 걸려 죽을 사람 또는 이미 세상을 떠난 사람과 자기의 처지를 비교하는 것이다. 그러면 그들은 자신이 그리 불행하지 않다고 생각하게 될 것이다.

따라서 나는 행복의 측정은 주관적 안녕 외에 객관적 지표도 감안해야 한다고 생각한다. 행복의 객관적 지표에는 월수입, 건강, 직업, 결혼여부 등이 있다. 이에 관해서는 본론에서 더 자세히 언급할 것이다.

건강의 행복론과 관련해 우리가 계획할 것은 어려서부터 최소한 한 가지 운동을 터득하는 것이다. 요즘 청소년들은 입시경쟁에 시달려 제대로 운동을 배우지 못한다. 운동도 다른 학습과 마찬가지로 배우는 시기가 빠르면 빠를수록 좋다. 대학에 들어와 운동을 배우기보다는 초등학교 때 운동을 시작하는 것이 더 효과적이다. 세계 골프계의 총아인 우즈나 미셸 위가 걸음마를 배우며 골프를 쳤다는 사실이 이를 증명한다.

운동을 하면 엔돌핀이 솟구치고 스트레스는 날라간다. 그래서 건강해지고 행복감을 느낀다. 노인이 되었어도 운동을 즐기는 사람은 그만큼 행복하고 복 받은 사람이다.

행복의 기초공사 6
친구와 행복

행복을 결정하는 유전요인 중 가장 중요한 것은 성격이다.

외향적인 사람은 내향적인 사람보다 훨씬 행복하다.

왜 외향적인 사람이 행복할까? 그것은 외향인이 집에 틀어박혀 있기보다 밖으로 나돌고 친구가 많기 때문이다. 친구가 많으면 왜 행복한가? 친구와 재미있게 놀 수 있기 때문이다.

친구는 어릴 적 친구가 더 재미있고 좋다. 왜 그런가? 순진하고 순수했기 때문이다. 모두 하나 같이 천사이다. 천사들이 모여노니 재미있고 즐거운 일들만 있었다.

나는 유치원을 두 번 다녔고(내가 7세 때 유치원에 다녔는데 1948년에 초등학교 입학연령이 8세였다) 초등학교는 세 군데를 다

넜다(1.4후퇴 때문에 피란 국민학교를 다녔고 피란가기 전과 수복
후 초등학교가 서로 달랐다).

유치원 친구는 모두 잃어버렸고(찾지를 못하고) 초등학교 친구
는 딱 한 명뿐이다. 그 친구도 다행히 고등학교를 같은 곳을 다녀
서 찾았다. 나는 초등학교 6학년 1학기말에 전학을 해 사실 마지막
다닌 초등학교 졸업생을 잘 모른다. 그런데 그 친구가 나를 기억해
주어 유일한 초등학교 친구가 돼버렸다.

내 친구 중 시골에서 초등학교, 중학교를 다닌 친구들이 있는데
그들은 아직도 초·중학교 동창생을 자주 만난다. 할아버지가 다
된 나이인데 친구들이 만나 "얘야, 너는" 하고 재미있게 동창회를
한다는 이야기를 듣고 나는 부러움을 금할 수 없다.

물론 나의 초등학교 친구 중 찾으면 찾을 수 있는 친구가 몇
있다. 그 친구들이 사회의 거물이 되었기 때문이다. 그 친구를 찾
으려면 여러 사람을 거쳐야 하고 복잡하다. 그래서 마음으로만 찾
을 뿐이다.

다행히 고등학교 친구는 여러 명이 있고 지금껏 계속 만나고
있다. 고등학교 친구는 동창회, 반창회 등을 통해 만난다.

그러나 제일 자주 만나는 친구는 고등학교 때 클럽을 조직해
만난 6명의 Vine club회원이다. 처음엔 6명으로 조직되었다가 나중
에 두 서너 명이 더 가입되었다.

Vine Club의 대장격인 한 친구가 30도 못되어 요절했다. 너무
안타깝다. 술 좋아하던 친구라 클럽회원들이 만나면 가끔 그를 위
해 건배를 하곤 한다.

대학에서도 친구를 많이 사귀었다. 내가 다니던 심리학과는 1학년이 모두 합해 10명이다. 그러나 나의 과와 사회학과, 사회사업학과가 교양학부에서 같은 반이어서 그들과 어울릴 수 있었다.

그래도 역시 제일 친한 것은 심리학과 동기생들이다. 10명이 4년 동안 같은 과목을 듣고 같이 생활하다보니 고등학교 친구처럼 서로를 잘 알게 되었다. 지금도 가끔 만난다. 대부분이 심리학으로 밥벌이를 하고 대학교수가 제일 많다.

우리나라 속담에 '친구는 황금보다 더 값지다'라는 말이 있다. 65세가 된 지금에서야 그 말이 진실인 것을 깨닫게 되었다. 친구란 어려서든 다 성장해서든 서로 도울 수 있는 큰 장점이 있다. 소위 인맥, 학맥이 사회진출에 큰 도움이 된다.

그리고 행복과 관련해서도 친구는 아주 중요한데 이유는 친구가 우리에게 여러 가지 긍정적 역할을 해주기 때문이다. 우리가 말 못할 고민이 있을 때 친구를 찾아 이야기를 하면 마음속이 후련해진다.

그리고 제일 중요한 것은 친구가 노는 방법, 즉 즐기는 방법을 가르쳐주기 때문이다. 어려서 친구들과 여러 가지 놀이를 한다. 내가 어렸을 때 주로 한 것은 자치기, 찜뿌(손으로 하는 정구와 비슷한 것), 딱지치기, 구슬놀이다. 중학교에 들어와서는 탁구를 했고 고등학교에서는 유도를 했다. 그러나 대학에 들어와서는 술 먹기에 바빴다.

졸업 후 연구소에 들어가서는 친구들과 포카를 많이 했다. 이렇게 나는 여러 가지 잡기를 비롯해 노는 방법을 많이 익혔다. 단 한

가지 아쉬운 것은 당구와 바둑을 배우지 못한 것이다. 당구는 돈이 없어서, 바둑은 시간이 아까워 멀리했는데 늙어서 좋은 소일거리가 바둑이라고 한다. 그래서 지금부터라도 배우려하는데 글쎄 지금 배워서 아마 1단인 친구들과 대작할 수 있을는지.

우리 주위에 놀 줄 모르는 사람이 많다. 운동도 하는 것이 없고 잡기도 못하고 술도 못 먹는다. 물론 그런 사람이 다른 취미 예컨대 독서, 음악 감상을 할 수야 있지만 이런 취미는 행복감을 높이는 데 별로 도움이 안 된다. 왜? 혼자서 하는 것이기 때문이다.

친구가 중요한 것은 우리가 많은 놀이를 배우고 같이 즐길 수 있기 때문이다. 친구는 직장친구, 대학친구보다는 초중고 친구들이 더 소중하다. 왜냐하면 천진난만하게 놀았기 때문이다. 행복하려면 어렸을 때 친구를 많이 사귀어야 한다.

제 2 장

10대의 행복설계

10대의 행복설계
들어가는 말

10대라 해도 그 연령이 10살부터 19살까지라 행복과 관련해 설계할 것이 많다.

그래서 여기서는 서론만 이야기하고 자세한 10대의 행복설계는 각 주제별로 나누어 따로 설명하기로 한다.

10대는 아동기, 사춘기(11~13세), 청소년 전기(12~19세)가 모두 포함되어 심리학적으로 굉장히 중요한 시기이다. 10대의 첫 시기인 아동기는 부모로부터 충분한 사랑을 받아 남을 신뢰하고, 사랑하는 능력을 키워야하는 시기이다.

성인기 때의 행복설계에서 지적할 것이지만 성인기 때 우리가 할 일은 이성을 사랑할 능력을 갖추는 것이다. 쉽게 이야기한다면 성숙한 사랑을 할 수 있어야 한다. 그런데 성숙한 사랑을 하려면 부모로부터 충분한 사랑을 받아야 한다. 첫눈에 반한 사랑을 한다든가, 소유적 사랑 또는 돈 후안 같은 사랑을 하는 사람은 다 어렸을 때 부모와의 문제가 있는 사람이다.

그러나 10대 특히 아동이 행복을 설계하는 것은 불가능하다. 왜? 그것은 부모가 자식의 사랑을 결정하기 때문이다. 즉 10대가 부모가 자기에게 충분한 애정을 주도록 어떤 식으로 조치해 자기의 행복을 설계할 수 없다.

부모의 사랑은 자녀의 행복에 절대적으로 필요하다. 저자가 연구한 부모토막살해범 이은석이나 20명의 무고한 노인과 전화방 여자를 살해한 유영철의 경우 모두 부모의 애정부족이 문제였었다. 또 저자가 많은 사람을 인터넷 또는 면담을 통해 상담한 결과를 보아도 부모로부터 충분한 사랑을 받지 못한 사람은 커서 우울증, 대인관계의 문제, 정신분열증을 갖기 마련이었다.

부모가 자녀에게 어떻게 사랑을 베풀어야 할지는 '30대의 행복설계'장에서 다루고자 한다. 여기서는 이를 생략하기로 한다.

아동기와 관련해 10대가 스스로 설계해야 할 것이 있다. 그것은 공부에 대한 설계이다. 저자는 10대가 죽을 때까지 행복하려면 공부를 잘 해야 한다고 생각한다. 이것은 많은 사람으로부터 격렬한 논쟁을 불러일으키는 문제일 것이다. 여기서는 이에 관해 이 정도로 이야기하고 본문에서 본격적으로 그 이유를 설명할 것이다.

사춘기는 본격적으로 남성과 여성의 홀몬이 분비되어 남녀의 2차 성 특징(여성의 유방이 커지고 남자의 콧수염이 자람 등)이 발생하는 시기이다. 사춘기 청소년들이 갖는 가장 큰 문제는 넘쳐나는 성욕이다.

그들이 성욕을 해결하는 방법은 자위행위뿐이다. 우리의 많은 청소년들이 학업 때문에 심각한 스트레스를 받고 책상 앞에 앉아 있는 경우가 많다. 그런 때 은근히 솟구치는 성충동은 자연히 그들을 자위행위로 이끈다.

물론 자위행위가 나쁜 것은 아니다. 그러나 적지 않은 학생들이 지나친 자위에 빠져들어 정신과 몸이 황폐된다. 이은석은 부모와의 갈등, 학교에서의 왕따, 시험 중압에 따른 스트레스를 자위로 해결하였다. 그는 3일에 한 번 꼴로 중학 1학년 때부터 자위를 했고 그 결과 그의 키는 중학 1학년 당시의 키 163cm와 50kg의 체구가 대학생까지 이어졌다.

남자만 그런 것이 아니다. 내가 상담한 한 여대생도 초등학교 때 경험한 자위를 지금까지 지속하고 있고 이로 인한 열등감, 성역할 혼돈에 빠졌다. 사춘기의 청소년들이 자위행위로부터 벗어나는 방법은 스포츠를 열심히 하는 것이다. 스포츠를 통해 신체를 단련하면서 적당히 자위행위를 하는 것은 그의 신체적 정신적 발달에 장애가 되지 않는다.

세 번째로 중요한 것은 절대로 왕따를 당하지 않는 것이다. 내가 서울의 Y중학교에서 연구한 왕따 철이(가명)는 심한 우울증과 분노에 차있었는바 이 경험은 그의 전 생애에 걸쳐 악영향을 미친다. 즉 한번 왕따는 평생 왕따가 될 소지가 아주 높다.

왕따는 평생 우울한 삶을 살기 쉽다. 그래서 청소년이 계획해야

할 일은 절대 왕따가 되지 않는 것이다. 어떻게 왕따가 되지 않을 수 있는가? 이것도 다음에 한 장으로 자세히 언급할 것이다.

더불어 예능에 대한 연마도 필요하다. 이에 관해서는 '예체능 한 가지 숙달하기'란 장에서 자세히 다룰 것이다.

청소년 전기에서 청소년에게 닥친 가장 중요한 과제는 진로결정이다. 즉 고등학교를 졸업하고 어느 대학에 가 어떤 공부를 할 것인가를 결정하는 것이다. 전공 선택은 자신의 미래의 직업선택과 밀접한 관계가 있다. 의대를 택한 사람은 의사, 법대를 택한 사람은 법률가가 되기 십상이고 그것이 올바른 과정이다.

그러나 우리나라의 고 3학생이 자신의 적성에 맞는 과를 선택하기보다는 수능 고사, 내신 성적에 따라 대학과 학과를 선택하는 우를 범한다. 또 더 근본적으로는 그 들은 자신의 적성이 어디에 있고 앞으로 어떤 분야가 유망할 것인지를 이해하지 못하고 있다. 이는 그들을 지도해야할 고 3 담임교사도 그들의 부모도 마찬가지다. 왜냐하면 그들은 현재 우리 사회, 세계의 사회경제적 변화에 민감하지 못하기 때문이다.

특히 컴퓨터 이전세대들은 컴퓨터시대를 잘 간파하지 못한다. 따라서 많은 청소년들이 진로선택과 관련해 부모나 교사로부터 적절한 정보를 얻지 못하고 대학에 들어와서도 우왕좌왕한다. 전과를 시도하고 졸업하고도 제대로 직업을 찾지 못하는 경우가 많다.

이렇게 10대들이 자신의 행복과 관련해 선택해야 할 것이 의외로 상당히 많다. 그러나 그들은 이런 커다란 과제를 해결할 능력이 부족하다. 따라서 이 책에서는 이런 문제를 해결하는 방법을 제시하고자 한다.

10대의 행복설계 1
무조건 공부를 잘하자

행복은 성적순이 아니잖아요? 이렇게 주장하는 사람이 많을 것이다.

"10대에는 열심히 놀고 대학에 들어와 열심히 공부하는 것이 더 좋다"라고 주장하는 사람이 있다. 나도 그 점을 반박하지는 않는다. 우리 학생들이 너무 입시지옥에 시달려 초·중·고에서 하기 싫은 공부를 억지로 하여 막상 대학에 와서는 책을 던져버리고 데이트, 술에 탐닉하는 것을 보고 나 역시 안타까운 마음을 금할 수 없다.

그러나 행복하기 위해서는 초·중·고에서 무조건 공부를 잘해야 한다.

물론 부모토막살해범 이은석은 능력도 모자라고 하기 싫은 공부를 강요당해 그의 심신이 지쳤고 그래서 불행했었다. 그러나 그가 불행해진 근본원인은 공부에 시달려서가 아니다. 왕따를 당하고 부모로부터 아동학대를 당했기 때문이다.

그는 공부를 잘 했기 때문에 명문 사립대학 입학 후 초·중·고에서는 감히 쳐다보지도 못한 공주들이 자기에게 접근하는 행운을 얻을 수 있었다.

왜 공부를 잘해야 하는가?

그래야만 부모로 부터 사랑을 받고 친구로부터 왕따를 당하지 않기 때문이다(공부만 잘 하고 이기적이거나 대인관계에 문제가 있는 학생이 왕따 당할 수 있기는 하지만).

공부를 잘 하면 자존심이 높아지고 자신감과 자기 효능감이 높

아진다. 그리고 자존심, 자신감, 효능감은 바로 우리의 행복을 결정하는 중요한 요소이다.

공부를 잘하려면 머리가 좋아야하지 않는가? 반드시 그렇지는 않다. 물론 머리 좋은 사람은 보통사람이나 지능이 낮은 학생보다는 공부를 더 쉽게 잘 할 수 있다.

그러나 문제는 지능보다는 공부하는 방법이 더 중요하다.

공부를 제 딴에는 열심히 하는데도 불구하고 성적이 올라가지 않으면 일단 자기가 공부하는 방법에 문제가 있다고 생각하고 전문가를 찾아야 한다.

무식하게 공부하는 사람이 있다. 이 사람은 교과서나 노트를 처음부터 끝까지 암기하는 것이다. 물론 암기해서 한 두 과목에 좋은 성적을 받을 수 있다. 그러나 중·고등학교에서 학생들이 배우는 과목이 10가지가 넘는다. 이 과목의 교과서를 중간고사, 모의고사, 기말고사 때 모두 외운다는 것은 무리다. 그가 첫날 한 두 과목을 잘 볼 수는 있지만 이내 지쳐서 나머지 학과목은 형편없는 성적을 받기 쉽다.

공부를 잘 해서 좋은 것은 좋은 대학을 다닐 수 있고 그래서 좋은 친구를 많이 사귀고 나중에 좋은 직장, 좋은 배우자를 만날 수 있기 때문이다. 정말 그런가?

영국의 명문학교는 이튼, 원체스터, 그리고 옥스브리지다. 이들 사립학교 출신학생 수는 영국 전체의 2.6%에 불과하다. 그러나 이들 출신이 사회, 정계, 금융계를 석권하는 비율은 어마어마하다.

이들 출신이 재정 금융분야 이사의 80%, 대사 및 고등법원 판사의 80%, 육해공군 장성의 약 80%, 보수당 각료의 77.7%를 점했다(이훈구 저, '연고주의', 2003을 참조할 것).

이는 우리나라의 경우도 마찬가지다. 2000년 11월 현재 한국정부의 1~3급 고급공무원의 출신학교별 비율을 보면 서울대가 31.6%, 고려대 7.9%, 육사 7.0%, 연세대 6,4%, 성균관대 5.9%로 나타났다.(이훈구, 2003 전게서). 나머지 대학은 그 비율이 아주 저조하다.

우리 사회에서는 학벌을 타파해야 한다고 한다. 김대중 정권, 노무현 정권에서 이런 사실을 유별나게 강조하는데 학벌을 타파할 수는 없는 것이다. 물론 우리가 좋은 학교를 나오지 못했지만 실력으로 합격했는데도 불구하고 학벌에 희생되어 회사나 공무원 채용 시 차별받는 것은 법적으로라도 막아야 한다.

그러나 우수한 대학출신이 우수하기 때문에 정부나 기업에서 많이 채용하는 것은 막기보다 오히려 더 장려해야 한다. 왜? 사회의 어떤 분야를 막론하고 우수한 인재가 있어야 하고 이들이 중책을 맡아야 그 조직이 성공할 수 있기 때문이다.

결론적으로 말한다면 공부를 잘하면 자신감이 높아지고 좋은 배우자, 좋은 직장을 얻는다. 그리고 자신감이 높고, 좋은 배우자, 좋은 직장을 가진 사람은 보편적으로 다른 사람보다 더 행복하다. 물론 예외가 있다. 왜냐하면 행복 특히 주관적으로 생각하는 주관적 행복은 성공했다고 반드시 행복감을 안겨주지는 않기 때문이다. 그러나 객관적인 행복(남이 보는 행복 또는 사회지표적 행복)은 반드시 높다. 이 두 가지 행복에 관해서는 이 책의 마지막 장에서 다룰 것이다.

10대의 행복설계 2
왕따를 절대 당하지 않는다

왕따를 절대 당하지 않는 계획은 '공부를 무조건 잘 해야 한다'는 앞서의 계획보다 더 중요하다. 그 이유는 한번 왕따는 평생 왕따이기 때문이다. 많은 심리학자가 왕따 연구를 해 본 바에 따르면 학교에서 한 번 왕따 당한 학생은 영원한 왕따였다. 즉 초등학교에서 왕따 당한 학생은 중학교에서도 그리고 고등학교에서도 왕따가 되기 마련이다.

그 원인은 중·고등학교 배정은 지역별 배정이기 때문에 초등학교 때의 왕따는 왕따 가해자와 중학교에서 만나고 또 고등학교에서 만나게 된다. 비록 중학교나 고등학교에 진학해서 과거 왕따를 가해한 학생과 왕따가 서로 반이 갈렸다하더라도 왕따는 곧 전교에 알려지게 된다. 학생들 입에서 입으로 소문이 퍼지기 마련이기 때문이다.

　그래서 학교 장면에서 한번 왕따는 영원한 왕따가 되는 것이다. 그런데 저자가 부모토막 살해범 이은석을 연구해본 결과 그는 중·고등학교에서 왕따를 당하고 군대가서도 왕따를 당했다. 왕따는 일반사회에서도 알아보는 것이다. 그래서 한번 왕따는 평생 왕따가 되기 쉽다.

　이은석이 군대에서 왕따를 당한 이유는 다음과 같다. 그가 군복무를 일 년 반 정도하니 드디어 상병으로 진급했다. 그러므로 그에게는 많은 부하가 생겼다. 일병과 이병이 부하들이다. 그런데 이은석은 학교서 왕따를 당해 주눅이 들어있었기 때문에 통솔력이 부족했다. 부하들 중 군기가 빠진 녀석들이 있어 야단을 치는데도 우물우물해 버린다. 따끔하게 야단치고 필요하면 기합도 주어야 하는데 그러지를 못하는 것이다. 그래서 부하들이 이은석 상관을 우습게 보고 말을 안 듣는다. 그의 동료들도 그를 왕따시키고 그의 사물함을 뒤져 이은석이 애지중지하는 녹음테이프, CD를 훔쳐간다. 누구 짓인지 뻔히 알면서도 그는 도둑놈에게 따지지 못하고 벙어리 냉가슴만 한다. 이런 생활에 스트레스를 받아 그는 드디어 자기 처소를 옮긴다. 신병이 일주일간 잠시 머물렀다가 배치를 받아 나가는 임시거처의 책임자를 자처한 것이다. 그는 그곳에서 외로운 늑대처럼 혼자 기거하다 군 생활을 마쳤다.

　이은석은 공부를 잘해 서울의 명문사립대 컴퓨터공학과에 입학하였다. 그러나 군 제대 후 그의 대인기피증은 더욱 심해졌고 자신감, 생의 의욕마저 잃어버렸다. 남들은 컴퓨터 공부와 프로젝트에 밤샘을 하지만 그는 하루 종일 비디오방에 틀어박혀 있었다. 학교에 간다고 집을 나서 그가 직행하는 곳은 대학 근처의 비디오 방이다. 하루에 3~4개의 비디오를 시청했다.

그리고 그는 전도유망한 컴퓨터학을 포기하고 외국영화번역사가되기로 결심한다. 그러기 위해 토익시험을 보았는데 영 엉망으로보았다. 그래서 이젠 자기는 희망이 없는 놈이라고 자책하였다. 그러다 은석이가 부모와 형의 집 이사 문제로 언쟁이 벌어지고 이성을 잃은 이은석은 과거 부모가 자기를 학대했다고 주장하고 1주일후 산토리 위스키를 빈속에 털어 넣고 부모를 토막살해했다.

그가 경찰서에서 진범으로 잡히고(그의 집에서 채취된 그의 부모의 혈흔 등으로) 며칠 후 그의 집으로 토익점수결과가 배달되었다. 그런데 성적이 아주 우수했다. 나중에 그는 형으로부터 점수결과를 전해 듣고 나서 땅을 치면서 다음과 같이 울부짖었다.

"토익성적이 조금만 더 일찍 배달되었어도 내가 존속살해라는끔찍한 범죄를 저지르지 않았을 텐데."

이은석의 경우처럼 왕따를 당하면 실제는 자기의 능력이 우수한데도 열등감, 자기비하, 의욕상실이 생긴다. 그러므로 학교나 군대에서 왕따당한 사람은 사회에 나가서도 자기의 능력을 제대로발휘하지 못한다. 설상가상으로 학교에서의 왕따가 직장에서도 왕따가 된다.

자! 그러면 공부를 잘 하는 것보다도 왕따를 당하지 말아야하는데 어떤 사람이 왕따를 당하는가? 왕따가 되는 이유는 여러 가지가 있다. 예컨대 성격이 모나든가, 잘난 척 한다든가, 얼굴이 추한 경우 등등.

그런데 이 이유 중 왕따가 되는 결정적 원인은 인상이 안 좋게 생긴 경우다. 내가 2000년 서울의 Y중학에서 세계 최초로 교실에 비디오카메라를 설치하고 발견한 석이(이훈구, 교실이야기, 법문사, 2000을 볼 것)나 최근 상담한 왕따 대학생 M은 용모가 불쾌감을 준다. 애늙은이라고 표현되리만큼 얼굴이 나이에 비해 무척 늙었다. 그러니까 중고등학생들이 그를 피하고 놀리고 때리는 것이다.

미모는 타인으로부터 호감을 사는 반면 추한 인상은 그 반대의 효과를 가져 온다. 비록 어린애들만이 그런 것이 아니고 성인도, 그리고 공정해야 할 판사도 추한 사람을 차별한다.

제브로위치라는 사회지각연구자가 죄인 중 같은 범죄를 저지른 사람을 골라내고 그들의 형량을 조사한 결과 미모는 추한 경우에 비해 훨씬 형량이 적었다. 즉 판사가 죄인을 어여삐 여겨 죄를 가볍게 봐 준 것이다.

자녀가 언챙이라든지, 얼굴에 커다란 몽고반점이 있다던가, 눈과 코가 이상하게 생긴 경우, 부모는 자녀에게 성형수술을 해주어야 한다. 방학 동안에 몰래 전격적으로 해주어야 한다.

미모는 타인뿐만 아니라 자신에게도 큰 영향을 미친다. 나는 1년 반 전 공복시 혈당치가 무려 135나 올라가 식이요법과 운동을 죽자고 실행했다. 그 결과 체중이 72kg에서 65kg으로 줄었다. 그러다보니 나의 얼굴이 갑자기 팍삭 늙어버렸다. 그래서 나는 요즘 거울을 볼 때마다 우울하다. 그리고 최근에는 절대 TV 인터뷰를 사절한다. 그 이유는 예전 나의 애인들이 내 얼굴을 보고 너무 실망할 것이기 때문이다. 오랜만에 만난 친구는 내가 지금 중병 예컨대 암을 앓고 있다고 지레 짐작하고 조심스럽게 나의 건강을 꼬치꼬치 캐묻는다. 그것이 싫어서 친구만나는 것도 피하고 있다.

나는 미국 시사주간지 타임스가 한국의 여대생이 성형미인이라고 꼬집은 기사를 보고 불쾌하게 생각한다. 성형수술이 잘 되어 미인이 되면 그녀는 행복해 질 수 있다. 왜? 많은 남성들이 프로포즈 할 것이고 입사면접시험에서도 합격될 것이고 또 자신의 자존심, 효능감, 자신감도 드높아지기 때문이다.

더 일찍 성형술을 받으면 절대 왕따를 당하지 않기 때문에 필요한 사람은 성형술을 일찍 받을수록 좋다.

우리는 왕따가 되지 않도록 노력해야 하고 왕따인 사람은 반드시 전문심리학자의 상담을 받을 필요가 있다. 왕따는 우리의 불행을 초래하는, 아주 우리가 경계하고 주의해야 할 사건이다.

10대의 행복설계 3
예체능 각각 하나씩을 숙달한다

뒤에서 나는 '65세의 학습'이란 제목으로 정구를 새롭게 배우는 즐거움을 이야기할 것이다. 내가 정구를 손에 댄 것은 직장생활을 시작한 1968년 그러니까 내 나이 28세 때다. 내가 중·고등학생이었을 때는 지금의 경식 정구가 아닌 연식정구가 있었다. 그러나 이 정구도 일부 귀족학생들의 전유물이었고 나와 같은 보통시민은 그림의 떡이었다.

우리 세대는 운동을 등한히 했다. 학교에 체육시간이 있긴 했지만 특별히 어떤 운동을 가르친 것은 아니다. 체육시간은 먼저 단체로 맨손 체조부터 시작하고 남는 시간은 각자 알아서 하는 것이다. 가끔 체육교사가 철봉시범을 보여주기도 하지만 대부분의 시간은 그냥 어영부영 운동장에서 잡담으로 시간을 보냈다. 즉 개별 학생에게 정구나, 배구, 탁구, 축구 등을 가르쳐주지 않았다. 그렇게 된 원인은 체육 교사와 체육시설이 부족한 반면 한 반의 학생 수는 60~70명이나 되는 콩나물 교실이었기 때문이다.

체육에 대한 중요성도 가르쳐주지 않았다. 당시에는 운동하는 학생을 경시하는 풍조가 팽배했다. 예컨대 야구부, 빙상부, 역도부의 학생들은 공부를 못하고 집안도 어려운 학생으로 인식되었다. 그래서 오히려 운동을 잘하면 학업부진아, 반면에 운동을 못하면 우등생으로 착각할 정도였다.

그러나 65년을 살아온 나의 인생경험에 비추어볼 때 우리의 행복을 보장해주는 요인중의 하나가 운동이다. 왜 그런가? 운동을 하면 여러 가지 좋은 효과가 나타난다.

첫째 몸이 건강해지고 둘째 스트레스가 해소된다. 그리고 셋째 친구를 많이 사귈 수 있다.

젊어서는 잘 모르지만 나이가 들어 예컨대 60세가 되면 몸이 극도로 연약해 진다.

이때 잘 먹기만 하고 운동을 하지 않으면 각종 성인병 예컨대 고혈압, 당뇨, 심장마비등에 걸린다. 나의 서울대 심리학과 동기동창 10명 중 2명이 벌써 50대 중반에 죽었다. 그리고 심리학과의 후배 교수는 50대 초반에 뇌졸중으로 죽었다. 그런데 이들 3명이 모두 운동과는 거리가 먼 사람들이다. 여러분 주위에 일찍 죽는 사람을 살펴보라! 성인병으로 죽는 사람이 상당히 많을 것이다. 그리고 이들은 한결같이 운동과는 담을 쌓은 사람들이다.

운동은 젊었을 때 우리의 건강을 지켜줄 뿐만 아니라 노후에 무료한 시간을 보내는데 아주 적격이다. 지금 연세대 교수 정구회

에는 정년퇴직을 한 명예회원이 3명이 있다 이들은 거의 매일 정
구장에 출근한다. 내가 올 봄에 정년을 해 가담하면 성원이 4명이
되고 복식정구를 할 팀이 형성된다. 그래서 이들은 내가 정년퇴직
을 했어도 매일 정구장에 나오기를 바란다. 나 또한 그럴 생각이
다. 지금부터 매일 정구장에서 신바람나게 운동할 생각을 하면 지
금이라도 당장 정년퇴직을 하고프다.

또 노후까지 행복하려면 예능 한 가지를 숙달하여야 한다. 예능
이라 하면 여러 가지가 있지만 보통 우리가 많이 하는 것은 음악
과 미술이다. 예능을 전문가가 되도록 열심히 하라는 것은 아니다.
물론 적성이 예능에 있으면 예술가로 나가는 것도 바람직하다. 그
러나 전문예술가가 아닌 아마추어로 음악이나 미술을 배워둘 필요
가 있다. 가능하면 피아노나 바이올린과 같은 악기를 하나쯤 배워
두는 것이 좋다. 운동과 마찬가지로 이런 예능기술은 10대 때 배워
야 쉽게 익힌다.

나의 주위에 정년 후 미술을 시작하는 사람이 적지 않다. 이들
은 미술을 시작함으로써 새로운 인생을 산다고 자랑한다. 그러나
만일 그들이 10대 때 미술을 배웠었더라면 아마 더 즐거운 인생을
보낼 수 있었을 것이다.

꼭 악기를 다루지 않더라도 음악이나 미술을 감상할 줄 알고
노래를 부를 줄 알면 그것으로 족하다. 어렸을 때 우리 집에 풍금
이 있었다. 지금도 있는지 모르지만 올갠보다도 작은 것이다. 그래
서 풍금을 갖고 놀았다. 누가 가르쳐주지 않았지만 동요나 외국 명
곡을 나 나름대로 두 손으로 치는 방법을 배웠다. 아직도 피아노

옆에 앉아 나만의 연주법으로 피아노를 칠 때가 있다. 내가 그때 요즘 학생들처럼 피아노 학원에서 레슨을 정식으로 받았었더라면 얼마나 좋았을까?

다행이 나는 노래 부르는 것을 좋아한다. 초등학교 때는 그런대로 노래를 잘 불러 반에서 인기가 있었다. 이런 나의 노래솜씨는 위로 세 명의 누나가 있은 덕이다. 세 누나는 나와 각기 4살, 6살, 8살 차이가 난다. 내가 유치원 때나 초등학교 때 누나들은 이미 중·고등학생이었기에 학교에서 배운 노래를 집에서 자주 불렀다. 그리고 나도 어깨너머로 노래를 배웠다. 나중에 알고 보니 이때 누나로부터 배운 노래가 모두 서양의 명곡이었다. 예컨대 대장간의 합창, 구노의 아베마리아, 사냥꾼의 합창 등은 모두 이때 배운 것이다. 내가 마지막으로 배운 노래는 오페라 춘향전의 '사랑의 이중창'이고 아직까지 내가 이 노래를 부를 수 있다.

공부도 마찬가지지만 노래 역시 10대 때 배워두어야 한다. 그 시기를 놓치면 음치가 된다. 내 친구 중에 음치가 몇 명 있는데 이들이 음치가 된 사유를 분석해보면 농촌에서 자라서 음악을 접할 기회가 없었기 때문이다. 즉 당시 친구들이 농촌에서 자랄 때는 TV도 라디오도 없었다. 그러니 주위에서 신식 노래를 접할 기회가 없었던 것이다. 한 친구는 타령은 할 줄 안다. 그런데 이 친구가 유행가를 부르면 그것이 타령조가 되어 우리의 배꼽을 모두 빼놓는다. 그 다음부터 이 친구는 절대로 노래방에 따라 들어오지 않는다.

예·체능을 학습하는 데 심리학에서 말하는 결정시기(critical period)가 있다. 새들이 노래를 배울 때 어느 정도 성숙해야 하고 그

성숙기에 반드시 어미가 옆에서 노래를 불러야 한다. 새끼 새는 어미의 노래를 몇 번씩 흉내 내다가 드디어 노래를 부를 수 있게 된다. 만일 이때 사람이 어미 새를 없애 버려 새끼 새가 노래를 듣고 흉내낼 수 없다면 그 새는 영원히 노래를 부르지 못한다. 이 결정시기라는 것은 로렌스라는 생물학자가 발견한 이론이다. 사람에게도 예·체능을 배우는 결정적 시기가 있다고 나는 확신한다.

나의 직관적 판단이기는 하지만 가수들은 다른 직업종사자보다 덜 늙는다. 가수 김세환은 나이가 꽤 많은 초로인데 아직도 30대 초반의 동안이다. 그 뿐만이 아니다. 많은 가수들은 나이에 비해 젊다. 아마 그들이 즐겁게 노래를 부른 탓일 것이다. 나도 노래를 좋아해 친구들, 그리고 제자들과 자주 노래방을 들락거린다. 그런데 노래를 부르고 나면 속이 시원하고 기분이 좋다.

아까 말한 나의 누나 세 명과 여동생 하나는 매달 한 번씩 만

나는데 종로 한식점에서 점심을 먹고 꼭 노래방에 가서 저녁때까지 노래를 부른다고 한다. 내가 정년을 맞으면 나의 네 형제와 네 자매의 합동 노래경연대회를 개최하려 한다. 지금 모두 60, 70대의 노인들이지만 아마 나의 초청에 마다 할 사람은 한 사람도 없을 것이다.

미국의 귀족학교에서는 학생들에게 꼭 예·체능 한 가지씩을 배우게 한다. 이런 교육을 우리나라의 민족사관학교에서도 채택하고 있다. 작년 저자가 민사고 이돈희 교장선생님의 초청으로 그곳을 방문했을 때 많은 골프연습장과 정구장이 있는 것을 보고 깜짝 놀랐다. "왜 그렇게 체육시실을 많이 만들었는가" 하고 물었더니 교장선생님은 학생이 꼭 한 가지 운동을 숙달하도록 교육시킨다고 한다. 이는 예능도 마찬가지라고 한다.

민사고나 외국의 명문학교가 중·고등학생에게 예·체능을 익히도록 강제하는 것은 그들의 정서발달뿐만 아니라 그들의 리더십과 행복에 예·체능이 큰 역할을 하기 때문이다. 인생을 멋있게 그리고 재미있게 오래 살려면 풍류도 즐길 수 있어야 한다는 이야기다. 현대적 풍류란 바로 예·체능을 하며 즐겁게 사는 것이다.

　발달심리학자 중 유명한 사람으로는 에릭슨을 꼽는다. 프로이드는 생애발달을 아동기에 초점을 맞추었다. 그래서 이론의 폭이 좁다. 반면 에릭슨은 전 생애를 통한 발달이론이다. 그의 8단계 생애발달 이론 중 역시 가장 유명한 것은 자아정체확립이다. 자신이 어떤 사람인가를 파악해야하는 자아정체확립은 청소년 후기 그러니까 대략 18~19세의 청소년이 해결해야 할 중요한 과제이다.

　에릭슨이 자아정체확립을 중요시한 것은 사실 자신이 이 시기에 많은 방황을 했기 때문이다. 에릭슨은 아버지가 일찍 돌아가셨다. 에릭슨 집안의 주치의가 그의 어머니와 결혼했다. 아마 에릭슨의 어머니가 미인이었던 것 같다. 의사가 과부를 부인으로 맞아들였으니 말이다.

　청소년기 때 계부를 맞은 에릭슨은 당연히 심적 충격을 받았다.

그래서 그는 고등학교를 졸업하고 곧바로 대학에 진학하지 않았다. 자기가 인생을 어떻게 살아야 하고 무슨 일을 해서 밥을 벌어먹어야 할지 도대체 감이 잡히지 않았다. 즉 인생의 방황이 시작된 것이다.

그는 자신이 누구인지, 어디에 적성이 있는지, 어떻게 살아야할 지를 알기 위해 먼저 유럽 여행을 떠났다. 유럽의 각국을 돌고 그 나라 사람들의 사는 모습을 자세히 관찰했지만 그는 애초의 목적 한 바를 달성치 못했다.

어쩌다 스위스의 프로이드를 찾아가게 되고 그의 집안과 인연 을 맺게 되었다. 아마 그의 계부가 의사였으므로 같은 의사인 프로 이느가 그를 맞아들이게 된 것 같다. 그는 프로이드 자제의 가정교 사가 되었다. 그 집의 가정교사가 되면서 자연히 프로이드의 정신 분석을 접하게 되고 심리학을 열심히 공부했다. 그는 미국으로 돌 아와 정신분석학을 열심히 전파하고 드디어 대 심리학자가 되었다.

그는 프로이드의 영향을 많이 받았지만 발달심리학에 있어서는 프로이드를 능가하는 학자가 되었다. 그 이유는 그가 자아정체라는 중요한 심리학적 이론을 제안했기 때문이다. 청소년이 고 3이 되면 제일 큰 고민이 대학의 과를 정하는 것이다. 집에서는 의대와 법대 를 강요하는데 내가 정말 의사나 판검사를 할 적성이 있을까하고 고 민한다. 이런 고민을 해결하는 방법은 적성검사를 받아보는 것이다.

그러나 진로를 결정하는 것은 단순히 적성을 파악해서 결정할 일이 아니다. 먼저 자아정체를 확립해야 한다. 그럼 자아정체란 무 엇인가? 자기 자신의 정체(identity)를 파악하는 것이다. 이를 위해 서는 여러 가지 문제를 풀어야 한다. 인생이란 무엇인가, 인생에서 중요한 것은 무엇인가, 내가 가장 좋아하는 것은, 내가 제일 하고 싶은 것은, 나에게 기쁨을 주는 것은 등등의 어려운 문제 말이다.

에릭슨은 이런 문제에 대한 답을 풀지 못해 유럽 곳곳을 탐방하고 여러 가지 시도를 해보았다. 미술가가 될 생각, 교사가 될 생각 등등.

인생에서 중요한 것이 돈이라고 생각하면 아마 사업을 하는 것이 좋을 것이다. 반면 인류애가 중요하다고 생각하면 의사나 신부가 되는 것이 좋을 것이다. 사회에서 약자를 돕고자 한다면 판검사나 변호사가 되어야 할 것이다. 우리나라를 혼돈 속에서 구하는 것이 급선무라고 생각하면 아마 정치가가 되어야 할 것이다.

자아정체는 비단 앞으로 택해야 할 직업과만 관계가 있는 것이 아니다. 배우자와 관련해서도 자아정체를 확립해야 한다. 어떤 여성(남성)이 나의 아내(남편)로서 적당한지를 결정해야 한다. 예컨대 사교를 잘하여 남편을 도와주는 여자가 좋은지 아니면 집안일을 잘하는 여자가 좋은지를 결정해야 한다. 더 구체적으로 내가 좋아하는 배우자의 용모가 어떤 것인지도 미리 알고 있어야 한다. 그렇지 않으면 이 여자, 저 여자로 방황하게 된다.

자아정체가 확립되지 않으면 우리는 에릭슨처럼 시간을 많이 낭비하기 쉽다. 즉 이것 저것 해보다 한참 후 자기의 정체를 확립하여 직업이나 배우자를 선택하게 된다. 만일 우리가 청소년 후기부터 철저하게 자아정체를 확립한다면 그만큼 우리는 효과적으로 인생을 설계할 수 있다.

결국 자아정체란 앞으로 나는 무엇을 할 것인가를 결정하는 것이다. 어린애에게 커서 무엇이 될래하면 대개 대통령, 또는 장군이라고 쉽게 말한다. 그러나 청소년 후기 때 하는 자아정체는 아동이 하는 식으로 이렇게 간단하게 결정하는 것이 아니다. 자신의 능력과 적성을 판단해 더 확실한 미래의 자아상을 밝히는 것이다.

저자가 저소득층 중학생과 중산층 중학생, 두 종류의 학생을 대상으로 그들의 미래의 자아정체를 조사했다. 이들은 자아 정체에 별 차이가 없었다. 즉 중산층 학생이나 저소득층 학생들은 대개 공부를 잘하는 사람, 부지런 한 사람 등등을 적었다. 그러나 이 두 집단에게 자아정체를 위해 해야 할 구체적 목표를 적게 했더니 그 구제적 방법에는 중요한 차이가 있었다. 중산층의 자녀들은 구체적인 목표를 설정했다. 예컨대 하루 몇 시간씩 공부를 더 잘하기, 성적이 떨어지는 학과목을 집중적으로 공부하기, 집안청소하기 등.

그러나 저소득층 자녀들은 막연한 공상에 그쳤다. 즉 그저 공부

를 열심히 하겠다는 말뿐이었다. 반면 구체적인 실행방법이 없었다. 자아정체를 했으면 그 다음에는 이를 실천에 옮겨야 한다. 그래야 성공하고 행복할 수 있다.

에릭슨은 자아정체는 말은 쉽지만 그렇게 쉽게 이루어지는 것이 아니라고 말했다.

즉 많은 사람들이 자기가 진정으로 원하는 것이 무엇인지, 인생을 어떻게 살아가야 하는지를 잘 모른다고 말한다. 인생을 다 살고 나서 그 때서야 자아정체를 확립하는 사람이 많다고 주장한다. 나는 이 말이 옳다고 생각한다. 내가 생각하는 배우자의 중요한 자질이 내가 젊어서, 중년일 때, 그리고 지금 65세 때 각기 다르다. 그래서 에릭슨은 자아정체는 평생을 통해서 해결해야 할 과제라고 말한다.

김영삼 대통령은 청소년 초기부터 대통령이 되려는 꿈을 가졌고 이를 끝까지 견지하여 드디어 대통령이 된 사람이다. 발달심리학적으로 볼 때 자아정체를 잘 한 인물로 간주된다. 그러나 그의 재임기간 중 우리나라는 국제통화기금의 관리를 받는 수모를 겪었다. 자아정체를 잘하고 목표를 달성하였다고 해서 우리의 일이 끝나는 것이 아니다. 목표를 얼마큼 성실히 수행하는가가 중요한데 이것은 자아정체의 마지막 목표이다.

10대의 행복설계 5

진로선택

　앞의 '행복설계 4. 자아정체의 확립'에서 자아정체 중의 하나가 자신의 적성을 파악하는 것이라고 말했다. 그리고 그것을 토대로 진로선택을 하는 것이 청소년 후기때 할 일이라는 점을 지적했다.

　여기서는 좀더 자세히 진로선택의 중요성을 이야기하고자 한다. 이 책의 '행복의 기초설계' 중에 '직업설계사'라는 칼럼에서 저자는 직업이 결혼보다도 중요하다고 말했다. 왜? 하루 종일 아니 일생동안 직장에서 생활하기 때문이다. 이에 비해 배우자는 하루에 기껏 3~4시간 정도 만난다.

　자기가 하고픈 일을 하면 침식을 잃을 정도로 열심히 한다.

　지금은 은퇴하셨지만 선배 교수가 교수생활에 대해 말한 것이 생각난다. 그는 1960년대 한창 우리가 경제적으로 어려울 때부터 교수로 있었다. 그때는 교수의 봉급이 적어 먹고살기가 쉽지 않았다. 그러나 강의실에서 강의 삼매경에 빠지면 배고픈 것도, 집안의 살림걱정도 하나도 생각나지 않는다고 한다. 가르치는데 보람을 갖고 삼매경에 빠졌기 때문이다.

나는 선배교수의 말을 듣고 나 자신을 되돌아보았다. 정말 나도 학생을 그렇게 열심히 가르치고 이에 보람을 느꼈는가? 어떤 때는 그렇고 어떤 때는 그렇지 않았다. 교수생활은 100% 만족하는데 가르치는 것은 힘이 들고 꾀가 난다. 그래서 어떤 교수가 농담조로 교수가 '수업만 하지 않으면 아주 최상의 직업인데' 하고 말한 적이 있다.

자기 직업에 만족하면 주관적 안녕 즉 행복감이 높아진다.

자! 그러면 이제 구체적으로 자신의 진로를 어떻게 결정할 것인가? 앞의 '자아정체의 확립'에서 말한 것처럼 자신의 적성을 파악해야 한다. 그러면 어떻게 적성을 파악할 것인가? 중고등학교에서 적성검사를 실시하기 때문에 적성에 관해서 많은 청소년들이 어느 정도는 알고 있다.

그러나 적성은 그렇게 간단한 것은 아니다. 우선 지능검사가 적성검사라는 사실을 알아야 한다. 뭐라고? 지능검사는 능력검사지 어떻게 적성검사야! 이렇게 반문하는 사람이 있을 것이다.

그러나 지능검사는 확실히 적성검사다. 그 이유는 다음과 같다. 지능이 높은 사람이 택할 직업이 따로 있다. 예컨대 과학자, 발명가, 컴퓨터 개발가, 수학자, 예술가가 되려면 지능이 높아야한다. 물론 이때 말하는 지능에는 창의성도 포함된다. 그러므로 이런 쪽의 직업을 택하려는 사람은 적성검사보다는 지능검사를 먼저 받아

보는 것이 좋다.

다음 적성검사도 크게 세 가지로 나뉘인다. 하나는 학업적성검사이고 둘째는 직업적성검사이고 셋째는 흥미검사이다.

학생들이 학교에서 받아본 검사는 학업적성검사일 것이다. 이 검사는 학생이 문과를 택하는 것이 좋은지, 아니면 이과를 택하는 것이 좋은지를 알려준다. 그런데 저자가 몇 년 전 고등학교에서 실시하는 학업적성검사를 분석해보고 크게 놀랐다. 왜냐하면 많은 학생들이 이과와 문과의 적성이 모두 높은 것으로 나타났기 때문이다.

적성의 성질상 이렇게 나올 수는 없다. 즉 문과와 이과의 적성은 판이하게 나르다. 이과의 적성을 기진 사람은 수하, 추리력, 공간지각력 등이 높아야 한다. 반면 문과에 적성이 있는 사람은 어휘력, 문장이해력이 높아야 한다.

그러면 왜 이 두 가지 적성이 모두 높게 나왔을까? 학교에서 배우는 과목의 문제를 적성검사문제로 삼았기 때문이다. 공부를 잘하는 학생은 수학도 잘하고 국어도 잘 한다. 따라서 많은 학업적성검사는 잘못 만들면 적성을 가려주지 못하는 쓸모없는 검사가 된다.

흥미검사는 개인의 취미와 흥미를 잰다. 스토롱의 취미검사는 우리의 여러 가지 흥미를 측정한다. 이 검사의 몇 가지 문항을 보면, (1) 나는 우표 모으는 것을 좋아한다, (2) 나는 박물관에 가는 것을 좋아한다, (3) 나는 식물관찰을 좋아 한다 등이 있다. 이 세 가지 선택지에서 하나를 고르게 하여 흥미를 측정한다.

흥미검사는 구체적으로 어떤 학과를 선택하는 것이 좋다는 지적을 하지는 못하지만 개인의 진정한 취미와 흥미가 어디에 있는가를 알려준다. 그래서 학업적성검사보다 더 정확한 진로지도를 해 줄 수 있다. 자기의 적성을 파악하는 방법을 여기서 구체적으로 논 의하는 것은 적절치 않다. 자기의 적성을 알기위해서는 직업치료 사, 심리학자, 행복설계사와 상담하는 것이 좋다.

여기서는 진로를 선택할 때 우리가 고려해야 할 점 몇 가지 생 각해보기로 한다. 진로선택은 물론 자신의 적성을 최우선으로 해야 한다. 그러나 그 외에 자기가 선택한 진로가 취업조건이 어떻고 앞 으로 장래가 어떤지도 따져보아야 한다.

우리는 결혼하고 가정을 갖고 자식을 키워야 한다. 따라서 자기 가 택한 진로가 만족감을 주고 자아실현을 도모해 주는 동시에 돈 도 벌게 해주어야 한다. 다시 말하면 우리는 직장을 얻을 가능성을 따져보아야 한다.

앞으로 유망한 직종을 현재시점에서 판단하면 잘못을 저지를

수 있다. 예컨대 저자가 택한 심리학과는 1960년대만 하더라도 일반인들에게 잘 알려지지 않았고 그래서 기업에서도 심리학자를 고용하는 곳이 한 곳도 없었다. 심리학과를 졸업하면 입사원서조차 받아주지 않았다.

그러나 40년이 지난 지금은 딴 판이다. 지금 한국대학의 인문사회계열에서 제일 인기 있는 학과는 심리학과이다. 그리고 연세대의 경우 심리학과 대학원을 졸업하면 취업이 90%이다. 요즘처럼 괜찮은 직장이다 하면 몇 백대 일의 경쟁을 치뤄야하는 상황에서도.

따라서 진로선택을 잘하려면 현재 우리 사회의 특징과 앞으로의 변화는 물론 미래 국세환경의 추세를 짐직힐 수 있이야한디. 그런데 이런 예측을 할 수 있는 사람은 우리 주위에 아주 적다. 과거 우리는 부모, 선생, 선배로부터 진로선택에 관한 정보를 얻었다. 그때는 사회변화가 급격하지 않았기 때문에 그리고 국제정세도 안정적이었기 때문에 아버지나 선배가 도움을 줄 수 있었다.

그러나 지금은 세상이 하루가 다르게 바뀐다. 컴퓨터의 경우를 보자. 새로운 컴퓨터가 불과 일 년 만에 새로 탄생하고 휴대폰도 몇 개월 단위로 신종이 개발된다.

따라서 진로선택을 잘 하기 위해서는 우리는 진로지도를 전문으로 하는 전문가의 도움을 받아야한다. 대학교수, 대학의 진로담당자, 기타 전문가들이 도와줄 수 있다.

친구를 많이 사귄다

행복설계에 관한 '기초공사'에서 저자는 '친구와 행복'에 관해 말했다. 그리고 친구는 초·중·고 친구가 제일 소중하다고 말했다. 따라서 10대가 행복을 위해 설계할 일 중 하나가 친구를 많이 사귀는 것이다.

앞에서 왜 초·중·고의 친구가 더 소중하고 애정이 가는가에 관해서는 잠깐 이야기한 적이 있다. 따라서 여기서는 간단하게 말하고 친구를 사귀는 방법을 말하고자 한다.

대학친구는 나의 경우처럼 소규모인 경우는 초·중·고 친구 못지않게 친해질 수 있다. 그러나 대부분 대학 학과의 학생 수는 50~60명의 대규모이다. 그래서 단짝 친구를 많이 사귀기가 힘들다.

초·중·고도 반 학생 수가 많지만 대학에서보다는 쉽게 친구가 된다. 그리고 졸업 후 만나도 서먹서먹하지가 않다. 그것은 아마 서로 순진한 마음, 어린 동심으로 만났기 때문일 것이다.

대학친구들은 사귀어도 서로 마음을 터놓지 않는다고 한다. 그리고 졸업 후에는 성공하지 않으면 동창회에 나가지 않는다고 한다. 그러나 초·중·고는 다르다. 졸업 후에 더 만나고 싶고 출세, 성공을 못해도 서로 보고 싶어 안달이다. 자! 이제 그러면 어떻게 친구를 잘 사귈 것인가?

나이 많은 세대도 왕따를 시켜본 경우가 없지 않다. 그러나 지금 세대처럼 왕따가해를 많이 하지는 않았다. 왕따 가해가 자주 발생하는 이유는 공부와 관계가 있는 것 같다. 학생들이 시험에 시달리다보니 신경이 날카로위지고 경쟁심이 높아져 왕따를 만들어 낸다. 일종의 화풀이 인 셈이다.

따라서 앞으로 갈수록 초·중·고 친구 수는 줄어들 가능성이 많다. 그래서 우리 신세대들이 구세대보다 더 불행해 질 것이다.

많은 청소년들이 친구와의 불화를 호소하고 친구를 잘 사귀는 방법을 알려달라고 한다.

친구를 사귀지 못하는 사람은 성격에 문제가 있다. 이기적인 성격이 친구를 쫓아버리게 만든다. 그런데 사실 자기 성격이 이기적인가의 여부는 자신은 잘 파악하지 못한다. 왜 그런가? 우리는 자존심의 동물이기 때문에 자기가 이기적으로 행동하면서도 막상 자기는 이기적이 아니라고 주장하기 때문이다.

따라서 자녀가 친구가 없으면 부모는 자녀의 이기적 성격을 고쳐주도록 노력해야 한다. 또 부모 자신이 자녀를 이기적으로 만드는 수가 많다. 남을 배려하지 못하는 부모, 이웃과 담을 쌓고 사는 부모, 친구가 없는 부모의 자녀들은 이기적으로 성장하기 쉽다. 자녀는 부모의 행동을 모방하고 그렇게 행동하는 것이 당연하다고 생각하기 때문이다.

친구가 없어 고민하는 청소년은 먼저 자기가 이기적인 사람인가를 의심해야 한다. 이를 잘 알려면 자기 부모나 형제에게 물어보라. 정답을 가르쳐 줄 것이다.

내성적인 학생은 친구가 없다. 그는 친구가 자기에게 먼저 접근하기를 바라는 반면 먼저 친구에게 손을 내밀지는 않는다. 만일 내성적인 청소년이 좋은 장점, 예컨대 인상이 좋거나, 공부를 잘 하거나, 또는 용돈이 풍부하면 친구들이 접근하여 그런대로 친구를 사귈 수 있다.

그러나 성격이 내성적이면서 이런 장점이 없는 사람은 친구를 사귀기가 힘들다. 내성적인 친구로 부터 얻는 바가 없기 때문에 친구들은 그를 모른척하기 때문이다. 결국 친구사귀는 것도 이득의 심리가 작용한다.

어떤 친구가 재미있고, 잘 생기고, 잘 놀고, 먹을 것을 사주고, 마음이 착하고, 용돈도 펑펑 친구를 위해 쓰면 그 주위에 친구가 몰리기 마련이다. 그런데 이런 장점도 없고 새초롬하게 자기 껍질 속에 파묻혀 있으면 그런 친구에게는 친구가 붙지 않는다. 그를 건방지고 무미건조하다고 보기 때문이다. 또 그 친구로부터 얻는 바가 없기 때문이다.

따라서 친구가 없는 사람은 자기가 친구에게 베풀 수 있는 장점을 개발해야 한다. 용돈이 충분하지 않으면 마음씨라도 착해야 한다. 친구를 사귀고 싶으면 그 친구가 곤경에 빠졌을 때, 친구가 도움을 필요할 때를 눈여겨보고 그를 도와주면 된다.

반장을 하고 학급에서 인기가 있다고 해서 모두 반 친구가 자기를 좋아한다고 생각하면 그것은 착각이다. 우리는 그냥 건성으로 사귀는 친구가 있고 내 반쪽처럼 귀중하게 생각하는 단짝 친구가 있다. 친구가 꼭 많을 필요는 없다.

겉으로는 친구가 많은 것 같지만 실제로 단짝 친구가 없는 경우가 있다. 이 반대 즉 넓게 사귀는 친구는 많지 않지만 단짝 친구가 많은 사람이 있다. 어떤 경우가 더 행복한가? 이 두 경우의 장점을 모두 가춘 사람이 좋다. 즉 친구는 넓게 사귀되 반드시 그 중 단짝 친구가 있는 경우다.

초·중학생인 경우 친구들이 서로 진실하기 때문에 좋은 친구 가짜 친구를 구별할 필요는 없다. 그러나 고등학생이 되면 이제 가짜 친구가 나타난다. 가짜 친구란 단물만 빨아먹고 나중에 배반하는 친구다. 친구가 진정한 친구인가 여부를 판단하는 방법은 몇 가지가 있다.

첫째는 친구와 여행을 떠나 보는 것이다. 여행을 하려면 서로 협동하고 양보해야할 일이 많이 생긴다. 밥은 어디서 먹고 잠은 어디서 자며 어디를 먼저 여행할 것인가로 서로 의견이 분분하다. 이때 친구의 진짜 성격이 나타난다.

두 번째 방법은 게임을 하는 것이다. 성인의 경우는 돈내기 노름을 하는 것이다. 예컨대 포카, 고스톱을 해보면 그 사람의 진면목이 확실히 드러난다. 보통 때는 마음이 넓고 착한 애로 생각했는데 노름에서 지면 화를 내거나 속이는 친구가 있다. 이 친구가 가짜 친구인 것이다.

세 번째는 자기가 어려울 때 친구가 어떻게 행동하는가를 봐야 한다. 돈을 잘 쓰는 학생에게 친구가 많이 달라붙다가도 그 친구가 돈이 떨어지면 친구들이 떨어져 나간다. 이때 끝까지 남아 있는 친구가 진짜 친구이다.

친구를 잘 사귀고 단짝 친구를 많이 가지는 것도 중요하지만 진짜친구와 가짜친구를 가려서 사귈 줄 하는 지혜가 필요하다. 물론 초·중학생들이 처음부터 이런 지혜를 갖출 수는 없다. 고등학생, 대학생이 되어야 이런 면에 눈을 뜨게 된다. 진짜와 가짜 친구를 가리는 방법도 터득해야 하는데 그래서 친구와 여행도 같이 가보고 게임도 같이 해보야 한다.

친한 친구로부터 배반을 당하면 그것처럼 억울하고 불행한 것은 없다. 따라서 진짜 친구를 사귀는 지혜는 꼭 필요하고 이런 지혜는 10대 때부터 갖추어야한다. 그래야 생존경쟁이 치열한 사회에 나가 남으로 부터 배반을 당하고 사기를 당하는 우를 미연에 방지할 수 있다. 즉 아첨꾼과 진짜 친구를 잘 가릴 줄 아는 사람은 사회에 나가서도 실패하거나 배반당하지 않는다. 친구는 잘 사귀는 것도 중요하지만 진짜 친구를 가릴 줄 아는 지혜는 더더욱 중요하다.

10대의 행복설계 7

멘토를 정해야 한다

　우리 인생에는 반드시 중요한 결정을 내려야 할 순간이 있고 이 순간의 결정이 우리의 일생을 좌우한다.

　간디가 그 대표적 인물이다. 그는 고등학교를 졸업하고 무엇을 할 것인가로 고민하였다. 그러나 불행하게도 그의 아버지는 일찍 돌아가셔서 주위에 그에게 좋은 조언을 해 줄 사람이 없었다. 그는 평소에 집안에 도움을 주었던 인도 최고 상류층 부라만 귀족에게 조언을 구했다. 그는 간디에게 더 공부할 것을 그리고 가능하면 외국으로 갈 것을 권했다.

　간디가 그의 조언을 받아들여 영국으로 유학가고 드디어 변호사가 되었기에 오늘날 마하트마 즉 위대한 영혼이란 이름으로 불리우는 큰 인물이 될 수 있었다.

　결정을 현명하게 내릴 수만 있다면 우리의 인생이 그렇게 힘든 것만은 아니다. 내가 재작년 3월부터 약 2년 동안 빈곤층을 대상으로 상담을 한 결과 이들에게 공통적으로 나타나는 결핍요인이 있었다. 그것은 그들에게 멘토(mentor)가 없다는 것이다. 한 대표적인 상담사례를 여기에 적어보자.

아버지는 알콜 중독, 어머니는 가출, 그래 중학생이 되기 전에 남의 집에 애보는 아이로 팔려나간 한 내담자가 있었다. 그녀는 이른 나이에 다방에서 만난 건달의 청혼을 거절하지 못한다. 건달이 작심하고 어린 처녀를 자기 사람으로 만드는 데는 그리 긴 시간이 소요치 않았다. 건달이 짐짓 개과천선한 양 어머니에게 큰 절을 올리는 것을 보고 어머니는 그 사람 괜찮을 것이라고 단정해버린다. 이렇게 해서 어려서부터의 긴 빈곤생활이 결혼 후 까지 이어졌다. 건달남편을 먹여 살리는 고된 빈곤생활의 지속이 이 내담자의 지금까지의 인생이다.

그녀를 몇 차례 상담하면서 안타깝게 생각한 것은 피상담자에게 조언을 해 줄 사람이 없었다는 사실이다. 그녀가 기로에 섰을 때 누군가가 어느 길이 옳고 어느 길이 틀린 것인가를 귀뜸 만 해 주었던들 그녀는 긴 고행, 가난의 굴레로부터 어렵지 않게 탈출할 수 있었을 것이다.

가난이 왜 대물림되는가에 관한 여러 가지 이론이 있지만 최근의 제3이론은 멘토의 결여이론이다. (이훈구 저, 가난의 대물림을 어떻게 예방할 것인가, 법문사, 2005를 참조할 것). 중류층가정의 자녀들은 훌륭한 부모, 선생, 친척, 선배, 친구들을 가졌다. 이들이 그의 기로에서 훌륭한 멘토의 역할을 한다. 그러나 빈곤층의 자녀에게는 이런 방향타가 없다. 오히려 방향을 잘못 가르쳐주는 오 방향타만이 있을 뿐이다.

빈곤층에 대한 정부와 사회의 물질적, 경제적 지원은 꼭 필요하다. 그러나 그것 못지않게 중요한 것은 이들에게 멘토의 역할을 해 줄 수 있는 자원봉사자들이다. 그리고 상담가이다. 한 마디 조언은 그들의 인생과 일생을 180도로 바꾸고 빈곤에서 탈피할 수 있는 계기를 마련해 준다.

10대의 청소년은 여러 가지 방법으로 멘토를 구할 수 있다. 한 가지 방법은 좋은 책을 읽는 것이다. 필자가 심리학을 택한 것은 필자가 일생에서 가장 훌륭한 선택을 한 것이다. 그런데 이런 선택은 우연히 고 3때 내 옆자리 친구가 사서 읽었던 책 한 권을 통해서이다. 그 책은 지금은 고인이 되신 윤태림 교수가 쓴 '심리학 입문'이다. 나는 이 책을 읽고 심리학을 공부해야겠다고 나의 진로를 결정했다. 그리고 내가 원하는 심리학 교수가 되었다.

위인전이나 유명한 사람의 모습도 청소년들의 멘토가 될 수 있다. 따라서 청소년들은 위대한 과학자, 학자, 종교인, 경영인, 정치가들의 전기를 잘 읽고 익혀둘 필요가 있다. 그들을 관찰함으로서 자기가 청소년기에 어떤 일을 해야 하고 세상을 어떤 식으로 살아나가야 할지를 배울 수 있다.

멘토는 꼭 10대에게만 필요한 것은 아니다. 성인이 된 후에도 멘토가 필요하다. 나는 1967년 대학원을 졸업하고 내무부 청소년보호대책위원회라는 곳에서 첫 직장을 시작했다. 약 1년 반을 그곳에서 연구를 했고 직장은 화기애애했다. 그런데 그곳은 내가 심리학을 더 깊게 공부하는 데는 부족했다. 내가 대학원 다니면서 서울대 학생지도연구소에서 인턴과 레지던트를 할 때 그 연구소에 흠모하던 정범모 교수가 계셨다. 그 분이 한국행동과학연구소를 설립하고 나를 불러주셨다. 첫 직장의 선배는 내가 떠나는 것을 아쉬워하면서도 나를 축하해주며 이런 말을 했다. '후배가 그곳에 가면 많은 것을 배울 수 있을 거야. 가서 열심히 해'. 나의 선배도 정범모 교수를 잘 알고 있었기에 이런 예측을 해 주었고 그의 예측은 적중했다.

나는 행동과학연구소에서 유학하기 전 7년 그리고 귀국해 연세대학교로 이직하기전 3년 도합 10년을 그곳에서 일했다. 나의 중요한 학습기에 정범모 소장님 밑에서 일한 것은 큰 행운이었다. 그 분은 나의 멘토였기 때문이다. 그 분의 일거수 일투족은 내가 학자로서 그리고 사회인으로서 어떻게 몸가짐을 가져야하고 어떻게 살야야 할지를 무언으로 가르쳐주는 모델 바로 멘토가 되었다.

내가 그분을 얼마나 존경하고 본받으려 했는지 한 예를 들어보자. 그분은 워낙 유명해 여러 곳으로부터 원고청탁을 많이 받으셨다. 그러나 그분이 한 번도 원고기한을 넘기는 것을 보지 못했다. 원고는 대개 기한을 넘기는 것이 관례였다. 그래서 원고를 부탁하는 사람도 그것을 감안해 미리 날짜를 짧게 잡아 부탁한다. 그러나 그분은 자신의 스케줄을 감안해 원고청탁을 받고는 일단 승락을 하면 날짜를 꼭 지킨다. 그리고 날짜를 지키지 않은 사람은 처음부터 원고청탁을 거절했어야 하지 않을까 하고 말씀하신다. 아주 사소한 일이지만 약속을 지킨다는 것은 아주 중요한 일이다. 그래서 나도 그 분을 본받아 원고마감기일을 꼭 지킨다.

그런데 나와 정범모 선생님 간에는 큰 차이가 있다. 정 선생님은 워낙 능력이 출중하신지라 원고기일 내에라도 훌륭한 글을 쓸 수 있지만 나는 그렇지 못했다. 원고기일을 엄수해야 한다는 강박관념 때문에 좀더 깊이 생각하지 못하고 일찍 글을 써 글자 그대로 졸고가 많았다.

제 **3** 장

20대의 행복설계

들어가는 말
1. 공부를 열심히 하자
2. 많은 잡기를 배우자
3. 사랑을 해보자
4. 재텍크을 익히자
5. 직장을 올바로 선택하자
6. 아이를 길러보자
7. 결혼은 하되 이혼할 경우는 일찍 할 것

20대는 심리학적으로 어떤 시기인가? 에릭슨은 20대의 발달과업은 친밀감을 형성하는 것이라 했다. 쉽게 풀어 말하면 이성을 사랑하고 결혼을 하여야 한다는 말이다. 그렇지 못한 사람은 나중에 고립감에 빠지게 될 것이라고 경고했다.

20대가 해결해야할 중요한 과제가 결혼인 것은 틀림없지만 사실 이외에 20대가 결정해야할 문제가 너무 많다. 대표적인 것이 직업이다. 에릭슨은 자아정체를 잘하면 직업선택은 식은 죽 먹기라고 말했다. 이 책에서도 10대의 행복설계에서 자아정체를 잘 해야 함을 역설했다.

에릭슨의 견해에 따르면 직업의 결정은 10대에서 미리 결정했어야 하는 것이다. 그러나 우리의 현실은 직업선택은 20대 말 경에야 가능하다. 대한민국의 남자의 경우 대학을 졸업하고 군대에 갔다 오면 26살 정도가 되기 때문이다. 그래서 우리의 경우 20대의 중요한 발달과업 중의 하나는 직업선택이 된다.

20대 초기의 발달과업에는 무엇이 있을까? 공부를 열심히 하는 것이다. 10대의 행복의 설계에서 저자는 무조건 공부를 잘 해야 한다고 말했다. 그래야 좋은 학교에 입학하여 좋은 교사, 좋은 친구와 만나고 좋은 학교를 졸업하면 그만큼 취업, 결혼에 유리하기 때문이다.

그러나 공부를 열심히 하는 것은 대학까지 연장된다. 대학에서 배우는 공부는 자기 일생동안 필요하고 직장을 선택하는 데 아주 결정적 역할을 하기 때문에 열심히 공부해야 한다. 10대와 20대에 공부를 열심히 하라는 이유는 또 다른 데 있다. 그것은 이때가 공

부가 제일 잘 되는 시기이기 때문이다. 30대에 들어서면 예외가 없는 것은 아니지만 우리의 지적 능력이 감퇴하여 새로운 것을 학습하기가 그리 수월하지 않다. 특히 예·체능의 경우가 그렇다.

같이 운동을 배워도 10대, 20대가 배우면 30대보다 훨씬 빠르게 배운다. 그것은 우리의 지적능력이 10대와 20대에 최고조에 달해 있기 때문이다. 정리한다면 20대의 발달과업은 열심히 공부하기, 사랑하기, 그리고 직업선택이다.

이제 행복의 설계와 관련해서 더 구체적인 이야기를 해보자. 나는 20대에는 나쁜 짓 예컨대 도둑질만 빼놓고 무슨 잡기든 다 경험하라고 권하고 싶다 잡기에는 모두 취미활동이 다 포함된다. 예컨대 운동을 비롯해, 장기, 바둑, 댄스, 여행, 기타 등등. 왜 이런 엉뚱한 제안을 하는가? 나중 노년에 행복하기 위해 꼭 필요하기 때문이다. 즉 잡기를 배워둔 사람은 남과 많이 어울릴 수 있고 또 많은 취미생활을 할 수 있는데 그러면 그만큼 행복하다.

마지막으로 설계해야 할 것은 재테크이다. 요즘 와서 노년을 위한 재테크를 일찍부터 서둘러야 한다고 신문에서 떠드는데 나는 이것이 옳은 이야기라고 믿는다. 여러분 중에는 아서 밀러의 '어느 세일즈맨의 죽음'이란 희곡을 읽은 분이 있을 것이다. 주인공은 평생 동안 죽으라고 일해서 결국 얻은 것이 집 한 채였다. 즉 집을 저당잡고 은행대출을 받아 평생 동안 빚 갚느라고 고생했다. 그러니 그 세일즈맨의 인생이 행복할 리가 없다.

한국도 이런 불행이 불어 닥치고 있다. 부동산 가격이 엄청나게 올라 샐러리맨이 평생 동안 일해야 집 한 채 장만하는 그런 시대가 도래했다. 구체적으로 이야기. 해보자. 지금 강남의 30여 평 아파트의 가격이 약 10억이다. 그런데 우리가 이 돈을 벌려면 한 달에 얼마나 저축해야 할까.

직장생활을 약 20년간 한다고 가정하면 1년에 5천만 원을 저축해야 한다. 1년에 5천만 원을 저축하려면 한 달에 420만원을 저축해야 한다. 봉급을 타서 420만원을 저축할 수 있으려면 최소한 현재 봉급수준이 600만원은 되어야 한다. 이런 계산은 부부가 어린애를 낳지 않고 생활비만 지출하고 봉급을 몽땅 저축해야 가능하다. 자녀의 양육비, 교육비, 기타 문화비 등등을 감안하면 현재 봉급이 800만 원 정도는 되어야 할 것이다. 중요한 것은 지금 봉급이 800만원이라도 평생 동안 저축해야 서울 강남에 30평 정도의 아파트를 산다는 것이다. 이것은 바로 한국판 세일즈맨의 죽음이 임박했다는 이야기다.

20대가 직장을 가진 순간부터 재테크를 하면 이런 불상사를 막을 수 있다. 재테크 방법은 일찍 배울수록 성공가능성이 더 높다. 자세한 이야기는 본론의 각 장에서 이야기하기로 하자.

20대의 행복설계 *1*
공부를 열심히 하자

   저자는 10대의 행복설계에서 '무조건 공부를 잘 하자'라는 목표를 제시했다. 이 목표는 20대에도 통용된다. 대학에서 공부를 하든 아니면 일찍 취업하여 일을 배우든 열심히 배워야한다.

   한국 대학생들은 초·중·고에서 죽도록 공부하다 막상 대학에 입학하면 그 때부터 놀 궁리만 한다. 부모도 자녀가 대학생이 되면 이젠 안심하고 더 이상 공부를 채근하지 않는다. 그간 부모가 자식에게 너무 공부를 강요한 것이 죄책감으로 남아 이제 실컷 놀게 내버려 둔다.

   그래서 많은 대학생들이 대학에 들어와 술로 날을 지샌다. 고액 과외에 맛이 들어 과외에 바쁘고 과외로 번 돈을 쓰기에 바쁘다.

그러다 보니 공부할 시간이 없다. 그러나 이렇게 대학생활을 보내고 나면 그는 사회에서 낙오하기 딱 알맞다.

사실 공부는 대학에서부터 시작해야 한다. 대학에서 배우는 전공은 특히 그가 직업을 택할 때 그리고 앞으로 직업세계에서 성공하는데 아주 중요하다. 예컨대 고등고시를 비롯한 각종 고시에 합격하려는 사람은 반드시 졸업 전에 성공해야 한다. 이와 마찬가지로 다른 공부를 하는 사람도 대학에서 전력투구해야 한다.

대학에서 1, 2년간 술만 마시다 군대에 입대하고 복학하면 좀 달라진다. 군대에서 각고의 훈련을 받았기 때문에 군기가 몸에 배어 이제 룸펜생활을 해서는 안 되겠다는 다짐을 하게 된다. 따라서 군 입대는 빠르면 빠를수록 좋다.

미국에서 대학생들은 죽어라고 공부한다. 일류대학의 경우 공부로 인한 스트레스가 심하다. 학점을 잘 따야 좋은 직장을 선택할 수 있고 대학원 진학도 가능하다. 미국 위스콘신 대학에는 학교 앞에 큰 호수가 있다. 이 대학에서 일 년에 한두 명씩 학생이 자살한다. 중간이나 기말 시험 때 스트레스를 너무 받기 때문이다. 그래서 이 대학에서는 해마다 시험 때가 되면 총장이 모든 학생들에게 아무리 시험이 부담을 준다하더라도 자살은 하지 말기 바란다는 호소장을 우송한다. 그러나 공부를 좀 덜 해도 좋다는 이야기는 없다.

미국의 대학교육은 아주 철저하다. 읽을거리도 많고 과제도 많고 시험도 까다롭다. 그래서 좋은 대학을 나온 사람은 그만큼 박식하다. 박정희 정권 때 청와대에 특별보좌관으로 오랜 동안 근무했던 장동환 명예교수가 나에게 들려준 말을 나는 지금도 자주 회고

한다. 어느날 유명한 미국 정치가가 박정희 대통령을 방문했다. 그 특보도 그 자리에 참석했다. 그런데 어떤 대화를 나누다 그 정치가가 리커트 스케일이 어떻고 서스톤 스케일이 어떻고 이야기하더란다. 그 특보는 사회심리학을 좀 알기 때문에 그 미국정치인이 하는 말을 이해할 수 있었다. 그리고 정치가가 사회심리학의 여론조사방법인 리커트와 서스톤 스케일도 아는 것을 보고 놀라움을 금할 수 없었다. 그래서 그에게 심리학을 전공했는가 하고 물었더니 아니라고 말하면서 단지 대학 학부 때 사회심리학을 들은 적이 있다고 말했다. 이렇게 미국 대학 강의는 한 강좌만 듣더라도 그 과목을 완벽하게 학습하노록 만든다.

한국의 대학도 이젠 과거와 많이 달라졌다. 데모도 줄고, 취직하기 위해 공부를 열심히 한다. 그러나 아직 한국 대학은 미국을 따라가려면 멀었다. 각종 축제에 탐닉하는 정도가 그렇고 툭하면 학생들이 강의를 빼먹고 강의실에서 졸기가 일쑤다.

이런 것은 미국에서는 생각도 못할 일이다. 학점이 그의 앞으로의 인생을 결정하기 때문이다. 취업은 물론 대학원 진학에 좋은 학점이 필수다. 도중에 학과목을 철회한 사람은 입사시 불이익을 당한다. 그가 끈기가 없다는 것을 입증하기 때문이다.

또 인생의 중요한 가치관은 대학에서 습득된다. 그런데 이런 가치관은 열심히 공부하고 열심히 토론하고 또 좋은 친구들을 사귐으로써 형성된다. 일류대학이 반드시 좋은 성적의 실력 있는 학생만을 배출하는 것이 아니다. 올바른 국가관, 가치관, 인생관을 가진 엘리트를 길러낸다.

너무 대학이야기만 해서 이제 일찍부터 사회생활을 시작한 사람들에게 미안하다. 이제 이들이 배워야할 바를 이야기하고자 한다. 나는 작고한 현대그룹의 정주영 회장을 존경한다. 그는 초등학교밖에 못 나왔지만 우리 경제사에 큰 족적을 남긴 위대한 사업가다. 그가 살아온 인생을 어떤 TV방송국에서 드라마로 소개한 적이 있다. 그 드라마를 보거나 그의 자서전을 보면 그가 얼마나 열심히 살아왔는가를 잘 알 수 있다.

그를 존경하는 이유는 그의 정열, 근면성, 그리고 끊임없이 배우는 태도이다. 현대자동차, 현대조선, 현대건설과 같은 세계적인 기업을 키우기에는 사실 그의 초졸 학력은 너무나 부족한 것이었다. 그럼에도 불구하고 그가 거대기업을 육성할 수 있었던 것은 끊임없이 새로운 지식을 습득하고자 노력했고 창의적인 생각을 한 탓이다. 나는 그가 열심히 배우고 앞서 나가려 노력했기 때문에 성공했다고 확신한다. 그가 배우려는 노력이 없었더라면 아마 그의 사업은 한 두 가지 중소기업으로 끝났을 것이다. 대학을 못간 사람이라도 현장에서 끊임없이 배우고 또 직장이 끝나고도 계속 공부하는 사람은 대졸자 못지않게 성공할 수 있다. 그 대표적 인물이 한국의 정주영이고 일본의 마쓰시타이다.

20대가 지녀야 할 첫째 목표는 열심히 배우고 공부하고 견문을 넓히는 것이다. 인간이 최고로 효율적으로 배울 수 있는 시기가 바로 20대이기 때문이다. 그리고 많이 아는 사람만이 큰 인물이 될 수 있기 때문이다.

20대의 행복설계 2
많은 잡기를 배우자

나는 정구를 좋아하지만 다른 잡기는 못한다. 예컨대 바둑, 당구, 춤 등등을 못한다. 젊었을 때는 이런 잡기는 피해야 할 오락으로 생각했다. 당구는 돈이 들어가니까 나쁘고 바둑은 시간을 많이 허비하니까, 그리고 춤은 퇴폐적이라 생각했기 때문이다.

그러나 지금 생각하면 나의 이런 생각은 잘못되고 단견이었다. 늙어서 시간을 보내기에 그리고 건강을 유지하는 데 이런 잡기가 도움이 된다. 예컨대 춤은 건강에 좋고 바둑이나 당구는 시간 때우기에 그리고 친구와 교유하는 데 필요하다. 그래서 지금이라도 바둑이나 당구를 배워둘까 하지만 엄두가 안 난다.

대학교 때 노트에 줄을 쳐가며 옆 친구와 바둑을 두던 친구들은 지금 아마도 아마 1급 정도는 된 것 같다. 지금 내 나이 65세, 바둑을 배울 수는 있겠지만 지금 배운다한들 1급의 친구와 바둑을 같이 즐길 수는 없을 것이다.

춤도 그렇다. 대학 다닐 때 친구가 춤을 배우는 것을 보고 극력 말렸다. 대학생에게 어울리지 않는다는 이유에서다. 친구가 무도회장에서 아주머니들하고 손잡고 빙빙 돌아가는 것이 그렇게 좋아보이지는 않았다.

내가 대학교수가 되고 대학원생들과 MT를 갔을 때 여제자들이 춤을 청하곤 했다. 그 때마다 나는 대학교 때 춤을 배우지 못한 것을 한탄할 수밖에 없었다. 며칠 전 뉴올리언스에서 살다가 물난리를 맞고 일시 귀국한 고교동창생을 만나 노래방에 갔다. 그런데 이 녀석이 자꾸 도우미를 부르자는 것이다.

나와 또 다른 친구는 춤을 출 줄도 모르고 또 도우미를 부르는 것도 그래서 처음에는 반대했지만 모처럼 만난 친구라 그 청을 끝내 거절할 수 없었다. 재미교포인 그 친구는 도우미와 노래에 맞추어 각종 춤을 현란하게 추었다. 그리고 오랜만에 몸을 풀었다고 좋아했다.

나는 대학교 때 술을 그렇게 많이 마시지 못했다. 술이 좀 약한 편이었다. 지금은 형제들, 친구들 덕분에 어느 정도 술을 마신다. 술은 적당히 마실 줄 아는 것이 좋다. 친구 사귀는 데도 좋고 앞으로 사회에 나가 교제하는 데도 도움이 된다. 그러나 술 중독이 쉽게 되므로 아주 조심해야 한다. 나의 가장 가까운 고교친구가 대학교 때 너무 과음을 하여 끝내 30대 초반에 사망했다.

우리 대학사회에 음주문화가 일고 있다. 저자가 최근 조사한 바에 따르면(이훈구, 대학이 변하고 있다, 법문사, 2005) 대학생 중

음주자가 91%에 달하고 있다. 음주회수는 일주일에 1회 정도이고 음주량이 평균 소주 1~3병이다. 대학생도 스트레스가 많기 때문에 술로 스트레스를 푸는 사람이 많을 것이다. 그러나 술은 적당히 마셔야 하고 다른 잡기를 통해 스트레스를 푸는 것이 더 좋다.

요즘 대학생들은 노름도 많이 한다. 요즘은 많이 사라졌지만 교정에서 학생들이 여기저기 모여앉아 포카하는 것을 보았다. 보기에 좋은 광경은 아니었다. 요즈음은 대학생들이 고스톱을 많이 하는 것으로 알고 있다.

나는 직장생활을 할 때 포카를 많이 했다. 직장에서 봉급날인 경우 밤새워 포카를 한 적이 있다. 그리고 한창 몰두했을 때는 매주 토요일에 포카꾼들이 마음에 맞는 친구를 모아 포카판을 벌리곤 했다. 1990년대까지는 고스톱을 많이 했다. 가족들이 모이거나 친구들이 모이면 으레 고스톱을 쳤다. 그러나 지금은 노름을 안 한다.

노름은 배워두지 않는 것이 좋다. 어떤 사람은 교제하는 데 필요하다고 말하겠지만 노름은 뒷 끝이 좋지가 않다. 돈을 잃으면 기분 나쁘고 따도 잃은 사람에게 미안하다. 그래서 잘못하면 친구 사이가 벌어질 수 있다. 지금 와서 생각하면 노름하느라 그 많은 밤을 헛되이 보낸 것이 안타깝다. 그 시간에 오히려 춤을 추거나 당구나 바둑을 배웠으면 좋았을 뻔 했다.

결론적으로 말하면 좋은 잡기는 20대 즉 배우기가 쉽고 또 시간이 많은 이 시기에 배워둘 필요가 있다. 왜냐하면 나중에 행복한 노년을 보내는 데 도움이 되기 때문이다.

20대의
행복설계 3
사랑을 해보자

　　에릭슨은 20대의 발달과업이 '친밀감의 형성'이라고 말했는데 이것을 쉽게 말하면 이성간의 사랑하기이다. 그는 정신분석학자인데 친밀감의 형성은 남녀가 성적으로 완벽한 오르가니즘을 경험하는 것이라고 말했다.

　　왜 20대에 사랑을 해야 하는가? 우선 대학생들은 자연스럽게 이성을 만날 기회가 많다. 그러므로 자기에게 합당한 배우자를 만날 가능성이 높다. 많은 20대들이 마음은 굴뚝같지만 바쁘다는 핑계로 이성을 사귀지 못하고 졸업한다. 물론 직장에 들어가 그곳에서 좋은 배우자감을 만날 수 있다. 그러나 직장은 학교보다 더 바쁜 곳이기 때문에 많은 이성을 만날 수 없고 또 교제할 시간은 대학시절에 비하면 턱없이 모자란다.

　　이렇게 대학시절에 애인을 만들어 놓는 것은 아주 절실한 문제인데도 불구하고 많은 20대들이 이 중요성을 간과한다. 즉 천천히 애인을 찾아도 된다고 생각한다. 그러다 훌쩍 대학 4년이 지나면 그 때부터는 좋은 배우자감을 만날 기회가 줄어든다. 여자는 금방 혼기를 놓치기 십상이고 그러다 보면 맞선을 보고 다급하게 결혼을 할 가능성이 높다.

따라서 제일 바람직한 것은 대학졸업 전에 또는 20대 중반까지 배우자감을 찾아두는 것이 좋다. 사랑은 성사되어야하지만 실패해도 좋다. 첫 사랑은 늙은 후에 좋은 추억거리로 남기 때문이다.

20대에 배우자감을 선정해두는 것이 아주 중요하지만 과연 자신에게 어떤 배우자가 어울리는지를 판단하는 것은 쉽지가 않다. 그래서 자기와 어울리지 않은 배우자를 선택하는 경우가 적지 않다. 20대 남자는 여성의 미모에만 치중하는 경향이 있다. 그런데 행복한 결혼생활을 하는데 절대적으로 필요한 것은 미모가 아닌

상호간의 심리적 유사성이다.

심리적 유사성이란 무엇인가? 그것은 상호 가치관, 인생관, 생활철학이 같은 것을 의미한다. '돈이 행복의 최고의 조건이다'라고 생각하는 여자와 '자아실현이 더 중요하다'라고 생각하는 남자가 결혼한 경우, 두 부부는 불행하기 쉽다. 부인은 남편이 무조건 돈을 많이 벌어오기를 바라고 돈을 많이 벌어놓지 못하면 실패한 인생이라고 간주할 것이다. 반면 남편은 자기가 하고픈 일을 하고 그곳에서 성공한 것이 행복의 조건이라고 주장할 것이다. 이렇게 가치관이 서로 다르면 둘의 결혼생활은 부부싸움하기에 바쁘다.

20대의 청춘남녀들은 자기가 좋아하는 타입이 어떤 사람인가에 대한 아주 구체적인 이미지를 갖고 있어야 한다. 무조건 미남 미녀야 한다는 생각이 나쁜 것은 아니다. 그러나 그 다음 어떤 가치관, 철학, 생활태도를 가진 사람을 원하는지를 확실히 해야 한다.

상대방의 미모는 쉽게 파악이 되지만 배우자가 건실한 남편감인지, 현모양처감인지를 눈으로 확인하기는 어렵다. 이런 것을 확인하려면 배우자감과 오랜 동안 교제를 해야 한다. 그래서 저자는 애인을 꼭 대학시절에 구해놓으라고 권고하는 것이다.

다음 에릭슨이 말한 '정상적 친밀감'을 형성하려면 정상적인 성생활을 할 수 있어야한다. 대부분의 경우 만족스러운 성생활을 하기 마련이다. 그러나 적지 않은 청춘남녀가 불감증과 조루증에 시달리고 있다. 이런 사람들은 꼭 결혼 전에 자신의 성적 결함을 치료받아야 한다.

성적 결함이 있더라도 결혼을 하고 그런대로 자식 낳고 오랫동안 해로한 부부가 없는 것은 아니다. 특히 우리 부모세대들은 성의 만족을 부부생활의 필수조건으로 생각하지 않았다. 왜냐하면 부부가 성에 대한 불만족을 토로하는 것은 부도덕하고 또 이를 기화로 이혼하는 것은 우리 사회에서 용납되지 않았기 때문이다.

그러나 솔직히 말해 인간의 성 욕망처럼 강력한 것이 없고 성 만족처럼 우리에게 희열을 가져다주는 것도 없다. 그래서 인도의 귀족들은 오르가니즘에 오르는 것은 열반의 경지에 들어가는 것과 매 한가지다라고 가르치는 성 교범을 만들어 이를 자식에게 가르쳤다.

불감증과 조루증은 왜 생기는가? 성에 대한 잘못된 교육, 정신과적인 문제가 있기 때문이다. 또 우리 젊은이들이 첫 성경험을 하는 상대가 주로 창녀란 점도 문제가 된다. 숫총각이 처음으로 성행위를 할 때너무 흥분한 나머지 조루하는 경우가 많다. 그 때 창녀들은 비웃기 쉽다. 그러면 그 청년은 평생 조루증환자로 지낼 가능성이 높다.

요즘은 시대가 많이 달라졌다. 여자가 남자와의 성행위에서 오르가니즘을 경험하지 못하면 그와의 결혼생활에 종지부를 찍으려는 사람이 많다. 그리고 이것은 당연한 이혼사유라고 생각한다. 이는 남자의 경우도 마찬가지다. 불감증의 여자를 일평생 데리고 살 수는 없다. 만족한 성생활은 행복을 가져다주고 행복한 결혼생활에 필수적 조건이다.

20대의 행복설계 4
재테크를 익히자

저자는 20대의 '행복설계 들어가는 말'에서 '어느 세일즈맨의 죽음'에 관해 이야기하고 그런 비극을 우리도 맞게 되어있다고 말했다. 그리고 이를 예방하는 방법은 20대부터 재테크를 하는 것이라고 주장했다. 이제 이 문제에 관해 자세히 설명하자.

미국에서는 고등학교에서부터 경제를 철저히 가르친다. 그렇다고 경제학을 어렵게 가르치는 것은 아니다. 돈 버는 방법 등을 자연스럽게 익히게 한다. 예컨대 과학시간에 모터의 구조를 배우고 모터부품을 사서 직접 조립하게 한다. 팀으로 하는데 모터조립이 끝나면 그것을 팔게 하여 높은 가격을 받은 팀이 좋은 성적을 받는다.

학생들은 신문이나 잡지에서 자기들이 조립한 모터를 구매할 수 있는 회사를 찾아내고 그곳에 가 세일즈를 한다. 즉 학생들은 물건을 만들고 이를 판매하는 과정을 습득함으로서 자연스럽게 경제를 고등학교에서부터 배우게 된다.

영국에서는 이미 경제구조가 틀이 완벽하게 잡혀 있어 벼락부자를 꿈꾸기가 어려웠다. 그래서 젊은이들이 미국으로 많이 이민을 갔다. 한국은 어떤가? 최근까지도 한국은 꿈의 나라였다. 땅값이 싸고 경제가 성장하는 단계에 있었으므로 벼락부자가 될 수 있기 때문이다. 그러나 이제 한국도 영국처럼 틀이 잡힌 나라가 되었고 땅값이 너무 올랐다. 그래서 더 이상 꿈을 실현해주는 드림의 나라가 아니다.

그래서 젊은이들은 앞으로 '어느 세일즈 맨의 죽음'에 나오는 주인공이 되기 쉽다. 그래서 젊어서부터 재테크를 해야 한다. 어떤 식으로 할 것인가? 나는 경제학자가 아니다. 그러므로 이런 문제에 대해서는 문외한이다. 다만 과거를 돌아보면 내가 젊었을 때 부동산에 투자했어야만 했다.

지금은 은퇴했지만 동료교수가 전해 준 회고담이 있다. 그가 1959년 대학 다닐 때 연세대 근처의 땅 한 평 값이 당시 다방의 커피 값과 맞먹었다고 한다. 그래서 만일 자기가 커피를 마시는 대신 근처의 땅을 사들였다면 지금쯤 아마 거부가 되었을 것이라고 말한다. 그가 미국에서처럼 경제를 일찍부터 배웠더라면 그는 커피 대신 땅을 샀고 큰 부자가 되었을 것이다. 그러나 이제는 한국의 땅이 웬만큼 오를대로 올라서 샐러리맨이 지금 땅을 사둘 능력이 안 된다.

재테크를 잘하는 것도 중요하지만 모은 재산을 잘 유지하는 것도 필요하다. 저자의 예를 한 번 들어보자. 나는 1985년도 강남에 48평 아파트를 장만했다. 돈이 모자라 여기저기 빌려서 당시 강남에서 최고의 프리미엄(2333만원의 프리미엄)을 치루고 아파트를 분양받았다. 프리미엄과 분양가를 합쳐 1억이 좀 안 되었다.

그러다 저자가 처음으로 안식년을 얻어 1988년 미국에 일년간 체류하게 되었다. 당시 부동산이 침체되어 아파트값이 오르기는커녕 하강하기 시작했다. 높은 프리미엄을 주고 산 것을 후회하게 될 정도였다. 그런데 비해 은행의 이자는 높았다. 그래서 아내와 상의해 아파트를 팔고 그 돈을 은행에 1년간 맡겨두기로 결정했다. 우리 앞집은 자녀가 미국에 유학하는 관계로 집을 1억 원에 팔았다. 우리는 이보다는 좀 비싸게 팔아 1억 천만 원을 받았다. 둘이 집을 잘 팔았다고 좋아했다. 그런데 일주일이 지난 후 아내가 갑자기 집을 잘못 판 것 아닌가 하는 불안을 토로했다. 그래 나는 이미 엎지른 물인데 어쩔 것인가 하고 아내의 입을 막았다.

그랬더니 아내가 한 번 근처 부동산에 가 부동산 시세를 알아보자고 졸랐다. 그것이 돈 드는 일은 아니기에 그러자하고 나가보았다. 그랬더니 중개업자가 우리에게 이렇게 말하는 것이었다. "참으로 이상합니다. 일주일 전만 하더라도 맥이 부르는 값에 살 아파트가 많았는데 지금은 매물이 사라지고 나온 곳이 없습니다". 우리는 대경실색하여 우리 아파트단지 내의 부동산 중개업소에 찾아가 매물이 없는가를 알아보았다. 다행히 우리가 팔았던 아파트와 평수가 같되 오히려 우리것 보다 층이 높은, 로열층의 한 아파트가 매물로 나왔다. 값을 알아보니 우리보다 싼 가격에 나왔다. 1억 2백

만에 아파트를 사고 안도의 한숨을 내쉬었다.

그런데 미국에 간지 7개월 후 친구로부터 전화가 왔다. 나보고 집을 사놓고 가기를 천만다행이라고 한다. 지금 집값이 갑자기 폭등하여 두 배로 올랐다고 한다. 나는 공연히 우리를 기쁘게 해주려고 좀 과장되게 말했겠지 하고 일소에 부쳤다. 그러나 1년 후 귀국해보니 친구의 말이 사실이었다.

우리가 큰 낭패를 볼 것을 하느님의 도움으로 살아났다. 그런데 우리와 같이 집을 팔았다가 낭패를 본 교수가 있다는 것을 귀국해 들었다. 설상가상으로 그 교수는 집 판돈을 증권에 투자했는데 집값은 두 배로 오른 반면 증권은 폭락해 반값으로 줄어들었다. 그는 일 년 후 귀국해 전세집을 얻어야만 했다. 재테크도 중요하지만 모은 재산을 잘 건사하는 것도 중요하다. 물론 기존재산을 유지하는 것도 재테크의 한 방법이긴 하지만.

여기서 저자가 이야기해두고자 하는 것은 어떤 방식으로 재테크를 하라고 권유하는 것이 아니다. 젊어서부터 돈을 버는 방법에 관심을 가져야하고 열심히 저축하고 돈을 늘려야 노후가 편안하고 행복하다는 것을 말하고자 하는 것이다.

미국 주식의 대부라고 일컬어지는 워런 버핏은 어려서 신문팔이부터 시작하고 번 돈을 주식에 투자했다고 한다. 처음에 그는 주식에서 손해를 보았지만 우량주식에 장기 투자하여 재벌의 반열에 올랐다. 주식은 투기성이 농후해 분에 넘치는 투자를 하는 것은 오히려 화근을 초래한다. 그리고 일반인이 직접 투자하는 것은 성공할 가능성이 적다. 왜냐하면 정보에 눈이 어둡기 때문이다.

그러나 적립식 펀드에 투자하면 일반 정기예금보다 더 많은 이득을 볼 수 있다. 젊은 사람도 요즘 돈을 벌 수 있는 유망한 방법이 무엇인지를 열심히 귀담아 듣는 것이 필요하다. 그리고 소극적인 방법이긴 하지만 월급을 아껴 열심히 모으되 이를 이율이 높은 곳에 투자하는 법도 알아야 한다.

아서 밀러의 '어느 세일즈 맨의 죽음'이란 책을 한번 읽어보고 재테크의 필요성을 실감해보는 방법부터 시작해야 한다.

20대의
행복설계 **5**

직장을 올바로 선택하자

20대의 행복설계 '들어가기'에서 직장이 결혼보다 더 중요하다고 말했다. 그리고 직장을 올바로 선택하는 첫 걸음은 '자아정체'를 잘하는 것이라고 역설했다.

남자의 경우 군대갔다오고 졸업하면 대략 25~26살이 된다. 이때부터 직장을 구하게 된다. 직장을 구할 때 그 직장이 자아실현을 해주는 곳인가를 먼저 생각해야한다.

얼마 전 39세의 중년부인을 상담해 주었다. 그녀는 35세 때 39세의 현 남편을 만나 결혼했다. 부부 모두 나이가 연만한 때 결혼한 것이다. 저자가 그녀에게 왜 그렇게 두 사람이 결혼이 늦었는가 하고 물었더니 그녀는 자기가 만화를 그리는 애니메이터인데 사실 만화작업에 몰입하다보면 결혼이 늦어지기 십상이라고 말한다. 그의 남편도 애니메이션 작업을 한다. 나는 이 이야기를 듣고 참 두 사람은 행복한 직업을 가졌구나 하는 생각을 했다. 작업에 몰두해 얻는 희열 때문에 결혼할 생각도 안 했기 때문이다.

자기의 적성을 판단하면 대충 어떤 곳에서 어떤 일을 할 것인 가가 결정된다. 그러나 이 때 중요하게 생각해야 할 것이 있다. 그 것은 자기의 적성이 어디에 있던지 간에 '꿈을 크게 가져야 한다'.

나는 심리학이 하고 싶어서 심리학과를 택했다. 그러나 막상 졸 업하니 취업이 문제였다. 당시 심리학과를 나와 지원서를 낼만한 기업체가 없었다. 그래서 선배가 추천해준 시각장애아를 위한 학교 에 응시도 해보았다. 그런데 천만다행히도 그곳에서 거절당했다.

또 어떻게든 취직을 해야겠다는 생각 때문에 나의 전공과는 상 관없는 동양 TV방송국(지금은 KBS 2 TV에 병합되었음)에 시험 도 치루었다. 결과는 낙방이었다. 1964년도는 지금처럼 직장 얻기

가 하늘의 별따기였기 때문이다. 지금 생각하면 모두 잘못된 곳에 지원서를 낸 것이다. 아무리 취직이 다급하다 하더라도 자기의 자아실현을 해 주는 곳을 택했어야 했다.

그래서 나는 젊은이들을 만날 때마다 '꿈을 크게 가져라'라고 말한다. 처음부터 꿈을 작게 꾸면 작은 사람이 된다. 만일 내가 시각장애학교의 교사로 임명되었더라면 나는 지금과 같은 자아실현을 하지 못했을 것이다. 동양 TV의 PD가 되었다면 아마 더욱 불행했을 것이다. 왜냐하면 심리학과 전혀 상관이 없는 직업이기 때문이다.

일마 진 '심리학 바다'라는 싸이월드 회원들의 정모에 초대를 받은 적이 있다. 이 모임에서 한 심리학과생이 직업을 어떤 방식으로 택해야 하는가라고 나에게 물었다. 나는 '꿈을 크게 가져라'라고 말했다. 그랬더니 그 회원이 다음날 '심리학 바다' 홈피에 글을 올렸다. 나의 말을 듣고 취업할까 생각했는데 대학원에 가기로 결심했다. 그리고 부모를 설득할 것이다라는 내용의 글을 올렸다.

직장을 선택할 때 또 중요한 것은 발전가능성이 높은 곳 그리고 배울 수 있는 곳을 택하는 것이다. 나의 제자의 남편이 부사장으로 있는 모 마케팅 회사에서 사회심리학을 전공하는 사람을 찾기에 나의 제자 3명을 추천해주었다. 그랬더니 한 제자가 그곳은 너무 일이 많고 마케팅 산업계에서 아직 알려지지 않은 곳인데 다른 기존의 유명한 마케팅 업체에 응시하면 어떤가하고 자문을 요청했다.

그래서 나는 그녀에게 직장은 장기적 안목으로 보고 배울 곳이 많은 곳을 택해야한다고 말했다. 그리고 꿈을 크게 가져야한다고 말했다. 그런데 내가 추천한 곳은 사장과 부사장이 마케팅 분야의 최신 이론과 방법을 배워온 사람이기 때문에 배울 것이 많은 직장이라고 말했다. 그리고 내가 한국행동과학연구소에서 많은 것을 배웠는데 이것은 나의 경력에 큰 도움이 되었다고 나의 경험담까지 이야기 해주었다. 그녀가 나의 조언을 따르기를 바란다. 어디까지나 선택은 자신에게 있기 때문이다.

꿈을 크게 가져야 하는 또 다른 실례를 하나 들자. 나의 제자 중에 대학에서는 영어영문학을 전공하다 연세대 심리학 대학원에 입학한 사람이 있다. 그는 연세대에서 석사를 마치고 바로 미국으로 건너가 박사학위를 따고 귀국했다. 그런데 불행히도 그가 귀국했을 때 우리나라는 국제통화관리 기금체제 하에 놓여 직장을 얻기가 하늘의 별따기였고 대학에서도 신임교수 채용을 바짝 줄이던 터였다.

국내 취업사정을 간파한 그 제자는 고향인 청주로 내려가 영어학원 선생을 하겠다고 작별인사를 하러 왔다. 나는 극력 말렸다. 결혼해 자녀가 있어 경제적으로 많이 쪼달리지만 지금 지방에 학원 강사로 발을 딛는 것은 좋은 선택은 아닌 것 같다. 왜냐하면 일단 지방으로 내려가고 학원교사로 빠지면 영영 교수가 되기는 어려울 것이다. 이렇게 설득했고 그는 일단 서울에 남기로 했다.

나는 그와 공동연구를 위한 연구비를 타내고 또 연세대에서 강의를 할 수 있도록 도와주었다. 이렇게 해 강사생활을 몇 년간 하다가 드디어 서울의 일류대학의 심리학과 교수가 되었다. 그는 나를 찾아와 이것이 다 선생님 덕분이라고 고마워했다. 나도 조언을 하고나서 내가 잘못한 것이 아닌가 하고 굉장히 불안했었다. 그런데 이렇게 해피엔딩이 되고나니 너무 기뻤다.

우리가 꿈을 크게 가졌다가도 사정이 어려우면 쉽사리 작은 꿈에 만족하게 된다. 물론 꿈을 크게 가졌다가 영 그 꿈을 실현하지 못해 오히려 작은 꿈이나마 잡았었더라면 좋았을 사람들이 생길 수 있다.

그러나 처음부터 작은 꿈을 꾸거나 또 중도에 쉽게 포기하면 자신의 큰 꿈을 이룩할 수 있는 기회가 왔는데도 불구하고 아쉽게 이를 놓치는 결과가 된다.

나의 대학 동기생은 모두 열 명이다. 그중 여자 둘은 시집가 심리학을 계속하지 않았다. 나머지 8명의 남자중 한 사람을 빼놓고는 모두 심리학 교수다. 우리가 서로서로를 격려해 가며 심리학을 계속했기 때문에 8명 중 7명이 심리학 교수가 된 것이다.

그러면 나머지 한 사람은 왜 심리학 교수가 되지 않았는가. 한 가지 원인은 그가 대학교 때부터 큰 꿈을 가지지 않았기 때문이다. 두 번째 이유는 그가 동기생들과 잘 어울리지 않아 우리가 그를 도울 수가 없었기 때문이다. 그는 졸업하고 나서부터는 우리와 연락이 끊겼다. 서울시내 모 고등학교 영어교사가 되었다는 소문만 들었을 뿐이다.

그는 꿈도 작게 꿨거니와 주위의 압력에 쉽게 굴복해 교사가 되었다. 자신의 동기생들이 모두 대학교수에 박사가 되고 보니 그는 동기생 모임에 처음부터 나오지 않게 되고 자신도 나중에 박사가 되기 위해 대학원에 진학해 영어영문학을 전공했다. 그리고 박사를 땄다. 그러나 영문학 박사는 너무 많기 때문에 그는 끝내 대학교교수가 되지 못하고 고교교사로 정년퇴직했다.

여기서는 어떤 직장을 택해야 하는가 하는 그 구체적인 방법은 이야기하지 못했다. 심리학자나 대학교의 직업상담사를 만나 자신의 흥미와 적성을 판정받고 또 그들로부터 많은 정보를 입수한 후 직장을 결정하는 것이 좋다.

그러나 그런 구체적인 구직방법에 앞서서 우리가 꼭 염두해야 할 것이 있다. 그것은 지금까지 저자가 말한 꿈을 크게 갖고 자아실현을 해 줄 수 있는 곳을 찾는 것이다. 그리고 이를 집요하게 탐색하는 노력이 중요하다. 절대로 조급하게 주변의 압력 하에 섣불리 직장을 택하지 말아야 한다. 그러면 반드시 후회하기 마련이다.

우리가 결혼배우자를 선정할 때는 아주 심각하게 이모저모를 따져 결정하는데 결혼보다 더 중요한 직장선택에 있어서는 그렇게 하지 않는다. 우리가 주변에서 이런 사람이 너의 배우자로 적격이야 하고 압력을 넣는다고 해서 자기가 싫은 타입의 사람과 결혼하지는 않는다. 배우자를 고를 때 자기 마음에 맞는 사람을 선택하듯이 직장을 선택하는 데서도 최우선적으로 자신의 입맛을 고려해야 한다.

20대의 행복설계 6
아이를 길러보자

우리나라 속담에 '무자식이 상팔자'라는 말이 있다. 요즘처럼 교육비가 비싸고 입시가 지옥인 한국에서 이 속담은 아주 명언인 것 같다.

그러나 사실은 이와 반대다. 자식이 있는 사람은 여러 가지 행복감을 만끽한다. 여자가 남자보다 위대하고 행복한 것은 아이를 잉태하고 출산하는 능력에 있다. 남자도 물론 씨를 뿌려 일조하지만 남자는 여자와 같이 산고를 겪으며 귀한 창조물을 생산하는 기쁨을 누리지 못한다.

프랑스의 위대한 심리학자 삐아제는 본래 생물학자였다. 갑각류의 아가미 진화를 연구하는 학자였다. 그러다 아이를 낳고 아이가 자라는 모습을 보면서 인간발달에 대한 지대한 관심을 갖게 되었다. 아버지이지만 아들의 성장일기를 매일 쓰다가 드디어 그는 발달심리학자로 전공을 바꾸었다.

우리나라에 애완견을 기르는 사람이 많다. 그들이 개에 쏟는 정성은 대단하다. 광신적으로 애완견을 키우는 사람은 개를 자기 자식으로 비유한다. 그래서 개에게 "엄마 뒤를 잘 따라와 하고 속삭인다." 나도 한 때 개를 많이 키워보았다. 확실히 개는 사람이 베푸는 만큼 주인을 잘 따라준다. 그리고 서로 돈독한 애정을 나눌 수 있다.

그러나 개를 키우는 것에는 한계가 있다. 우선 개는 오래 살지도 못한다. 길어야 10살이다. 조만간 애견과 작별을 고해야 한다. 그리고 개는 말을 못하는 등등…. 그런데 비해 자식은 말도 배우고 부모와 오래 살고 서로 각별한 정을 나눌 수 있다. 아이를 키우는 재미는 애완견을 키우는 재미에 비견할 수 없다. 즐거움을 안겨주고 우리에게 보람과 자부심을 가져다준다.

내가 큰 성공을 하지 못했지만 나는 나 나름대로 자아실현을 했다고 자부한다. 우선 하고 싶은 심리학을 공부했고 바라던 교수가 되었으며 무사히 정년퇴직을 앞두고 있다. 그러나 이에 못지않게 내가 이 세상에 태어난 보람이 있었던 것을 꼽으라하면 그것은 딸과 아들을 두었다는 사실이다.

즉 자식은 인생의 보람이자 우리의 위대한 업적 중의 하나이다. 나는 대를 잇고 가문을 계승하는 것에는 별 관심이 없다. 그러나 나의 유전인자가 대대손손 이어진다는 것이 신기하고 보람을 느낀다. 후손이 기억할지 안 할지 모르나 그래도 자기의 할아버지가 있었다는 것을 기억해주면 그것도 큰 보람이란 생각이 든다.

자녀는 가능하면 둘 이상을 낳되 그것도 일찍 낳을수록 좋다. 왜 둘 이상이 좋은가? 독자는 아무래도 외롭기 때문이다. 더욱이 한국처럼 입시지옥인 상황에서 자녀가 친구와 밖에서 놀 시간이 별로 없다. 그럴 때 유일한 친구는 형이나 동생뿐이다.

자녀를 둘만 낳으려면 심리학적으로는 같은 성의 자녀를 낳는 것이 좋다고 한다. 같은 성끼리는 서로 대화할 내용이 많고 또 서로 도움이 되기 때문이다. 즉 여자인 경우 여동생이나 언니에게 털어놓을 이야기가 따로 있고 남동생이나 오빠에게 말할 이야기가 다르다. 이는 남자의 경우도 마찬가지다.

그러나 자식을 기르는 부모 입장에서는 딸도 길러보고 아들도 길러보는 것이 좋다. 아들과 딸을 기르는 재미가 서로 다르기 때문이다. 그래서 자식을 둘만 낳는다면 아들 딸 각기 하나씩이 좋다.

자식은 가능하면 일찍 낳는 것이 좋다. 일찍 낳아야 부모가 빨리 자식 뒤치다꺼리를 끝내고 일찍 여유를 가질 수 있다. 요즘처럼 정년이 빨라지는 시기에는 더욱 그렇다. 따라서 결혼한 후 신혼 부부가 정말로 백년해로할 것 같은 확신이 들면 빨리 서둘러 자식을 낳는 것이 좋다.

그러나 자식을 낳을 때는 신중해야 한다. 부부가 정말로 마음이 맞고 해로할 것인가를 먼저 판단해야 한다. 결혼은 했는데 배우자가 서로 성격이 맞지 않는다던가, 또 경제적으로 쪼들린다면 그 때는 아이 낳는 것을 잠시 연기해야 한다.

이혼은 당사자에게 아픔을 주지만 자식에게도 마찬가지로 서러움을 안겨준다. 따라서 신혼부부는 자녀를 낳기 전에 정말 부부가 백년해로할 것인가를 심각히 고려해야 한다. 길어도 약 1년이 지나면 신혼부부가 하니문의 단 꿈에서 깨어나 자기의 결혼이 잘 된 것인지의 여부를 판단할 수 있을 것이다. 만일 이 때도 아직 판단이 안 선다면 좀 더 시간을 끌어보는 것도 좋다. 그리고 아이를 낳는 것도 자연 미루어야한다.

자녀는 낳고 싶을 때 낳아야 한다. 일찍 낳는 것이 좋지만 '원하지 않은 임신'을 한 경우, 부모가 자녀에게 애정을 충분히 쏟지 않아 자녀의 심리적 발달에 지장을 가져온다.

자녀를 일찍 낳아서 좋은 것은 부모와 자녀 사이에 나이차가 적어지기 때문이다. 부모와 자식의 나이가 30세 이하일 때와 40, 50이 넘을 때 부모자식간의 대화소통에 큰 차이가 난다. 또 늦둥이를 낳아 너무 기쁜 나머지 자녀에게 방임적 훈육을 해 자식을 망칠 수도 있다.

자녀를 많이 낳는 것은 부모가 그만큼 힘들고 경제적으로 어렵지만 경제적인 문제가 없다면 많이 낳는 것도 좋다. 자식이 많은 것은 부모에게도 좋지만 형제에게도 좋다. 나는 8남매에 중간이었고 우리 집에 형제자매가 너무 많아 부모의 정을 독차지하는 다른 집의 독자를 부러워했다. 그러나 요즘 와서는 부모가 형제자매를 많이 낳아 주신 것을 감사하고 있다. 집안에 어떤 일이 벌어지면 형제, 자매들이 모두 달려와 도와준다. 축하할 일이 있으면 일곱 형제자매가 먼저 전화를 해준다. 어려운 형제가 있으면 모두 달려가 도와준다.

'무자식이 상팔자'라는 속담은 자식과 부모간의 관계가 좋지 않을 수가 있기 때문에 생긴 말 같다. 자식을 기르다보면 답답하고 속상하고 또 경제적으로 쪼들리는 것은 사실이다. 그러나 그런 심리적 경제적 비용에 비하면 그들이 부모에게 가져다는 기쁨, 환희, 보람은 더 크다.

그렇다고 부모가 자식에게 늙어서 어떤 경제적 도움을 받기를 바래서는 안 된다. 자식은 키우는 재미에서 끝내야 한다. 자식에게 너무 과도한 기대를 해서도 안 된다. 자식은 그 나름대로 하나의 독립적 인간으로 취급해야 한다. 나의 분신이니 내가 희생해가며 키웠느니 하며 자식을 부모마음대로 끌고 가는 것은 바람직하지 않다. 이 점에 관해서는 다른 곳에서 지세히 다룰 것이다.

결론적으로 인간의 행복 중 하나는 아이를 낳고 기르는 재미다. 자녀를 낳지 못하는 사람은 자녀를 입양해서라도 키워보라고 권고하고 싶다. 그어떤 동물을 키우는 것보다 사람을 키우는 것은 우리에게 삶의 의미와 보람을 안겨준다.

결혼은 하되 이혼할
경우는 일찍 할 것

지금까지 저자가 20대의 행복을 설계한 내용을 보면 결혼을 하는 것을 전제로 하고 있다. 예컨대 '20대의 행복설계 1: 사랑을 해보자'나 '행복설계 6: 아이를 길러보자'는 모두결혼을 전제로 한 것이다.

그런데 요즘 우리 사회에서 독신주의가 화제로 떠오르고 있다. 특히 여성들이 전문직에서 전문가로 일하다 보니 혼기를 놓치는 수가 있다. 그러면 문득 독신으로 지내볼까 하는 욕망이 고개를 쳐든다.

물론 독신이 가져다주는 장점이 있다. 무엇보다도 혼자만의 자유를 만끽하는 것이다. '결혼은 연애의 종말이고 예속의 길이다'라고 주장하는 사람이 많다. 아무리 찰떡궁합이라 해도 혼자 자유롭게 지내고 싶은 때가 있기 마련이다. 결혼은 의무가 따르고 특히 자녀를 낳으면 심리적 경제적 부담은 커진다.

한때 미국에 여피족이 있었다. 1980년대 말부터 유행한 부유층 남성독신주의자를 말한다. 여피족이란 미국의 일류 대학 경영학 석사를 따고 뉴욕 증권가에서 일하는 주식중개인을 말한다. 이들은 연봉이 수 백만 달러라 흥청망청 쓴다. 그런데 결혼을 하지 않는 것이다. 결혼을 잘못하면 공연히 이혼당하고 위자료에, 자녀 양육비를 물어야 한다. 그래서 독신을 고집하는 것이다.

여피족들은 매일 밤 파티를 열고 매일 여자를 바꾼다. 사랑은 하되 결혼을 할 생각은 없다. 그저 성적 욕구를 위해 파티에서 상대를 고르고 하룻밤 같이 즐긴다. 침대보, 와이셔츠, 기타 세탁물은 하루만 사용한다. 그래서 여피족이 사는 맨해튼 일급 주택가의 한국인 세탁소는 이들이 매일같이 맡기는 세탁물 때문에 수입이 짭짤하다.

그런데 1987년 10월 19일 월요일 일명 Black Monday 때 증권이 폭락했다. 그리고 이들은 하루아침에 알거지가 되었다. 그래서 자살한 여피가 수두룩했다.

과거에 비해 최근 동서양을 막론하고 독신자가 증가하는 이유는 몇 가지가 있다. 서로 상대방이 없어도 불편하지 않기 때문이다. 독신생활은 여자보다 남자가 더 불편하다. 빨래며, 취사며, 집안청소 등등을 하는 것이 여자보다는 남자가 하기 어렵기 때문이다. 그러나 이제 가전도구가 많이 발달되고 인스턴트 음식이 개발되어 남자도 별 어려움을 느끼지 않는다. 다만 성적 욕구가 문제다. 그러나 한국에서도 이제 프리 섹스가 유행되어 섹스파트너를 고르는 것이 그리 어렵지 않게 되었다.

독신의 문제는 고독이고 모든 것을 자기가 처리해야 한다는 점에 있다. 외로움을 이겨 낼 수 있다고 생각하고 사소한 문제도 스스로 다 할 태도가 되어 있으면 혼자 살아라. 그리고 혼자 사는 자유가 결혼을 해서 얻는 가족 간의 기쁨보다 더 크다고 생각하면 독신으로 살아라. 그럴 자신이 없으면 당연히 결혼을 해야 한다.

왜 저자는 결혼을 권하는가? 통계에 의해서다. 행복을 조사한 연구결과를 보면 미혼자보다는 기혼자가 훨씬 더 행복하다. 그리고 또 오래 산다. 또 노인층에게서 배우자가 사별한 후 남편이나 아내가 뒤를 이어 급사하는 경우가 많다. 이 이야기는 배우자가 그만큼 우리 인생의 반려자로서 중요하다는 것이다. 사랑하는 사람이 죽었기 때문에 우리는 너무 슬프고 외로워 급사하는 것이다.

그러나 결혼을 했는데 서로 성격이 맞지 않는다든가 배우자에게 문제가 있다면 결혼은 일찍 종지부를 찍는 것이 좋다. 우리 부모 세대나 나의 세대까지도 이혼은 금물이었다. 우선 이혼에 대한 사회의 평판이 좋지 않았기 때문이다. 그리고 부모의 이혼경력은 자녀의 결혼에 결점으로 작용하기 때문이다. 그래서 실질적으로는 별거를 해 이혼한 것과 마찬가지 상황이지만 자녀를 위해 법적으로 이혼하지 않은 부부가 많았다. 더 나쁜 것은 서로가 증오하고 매일같이 부부싸움을 하면서도 자녀를 위해 이혼하지 않는 경우다.

앞의 '20대의 행복설계 6: 아이를 길러보자'에서 잠깐 말했지만 이혼은 당사자보다 자식에게 더 큰 영향을 준다. 그래서 웬만하면 부부가 참고 같이 사는 것이 좋다. 그러나 부부 사이가 더 이상 화목할 여지가 없다면 이혼하는 것이 오히려 안 하는 것보다 자식에게 더 좋다.

부모토막 살해범 이은석의 경우, 부부는 일찍부터 사이가 좋지 않았다. 그래서 자식이 어렸을 때부터 부부가 각 방을 썼다. 그러나 이 부부는 이혼하지 않았다. 이은석 어머니는 자식들에게 늘 화풀이를 했다. "너희가 나의 족쇄다. 너희가 없었더라면 나는 그 인간과 일찌감치 이혼했을 것이다." 어머니의 이 하소연은 이은석에게 늘 죄책감을 안겨주었다. "내가 태어나지 말았었더라면 엄마가 행복했을 디인데."

만일 이혼을 한다면 자식을 낳기 전에 하는 것이 좋고 자식이 있더라도 정말로 못 살 것 같으면 빨리 부부가 이혼을 하는 것이 좋다. 그들 부부의 행복뿐 아니라 자식의 행복을 위해서라도 그렇다.

결론적으로 말하면 사랑을 잘하고 결혼을 잘하는 것이 행복의 첩경이다. 한 파트너와 섹스를 오래 지속하는 것이 장수의 비결이다. 그러나 잘못된 결혼이라고 판단된다면 그것을 느끼는 즉시 이혼하는 것이 좋다.

외로움을 견뎌내고 잡일을 스스로 해 나갈 수 있다고 생각하면 독신주의자가 되어도 좋다. 그러나 행복한 결혼에서 오는 장점을 반드시 한 번 쯤 생각하고 결정하라.

제 **4** 장

30대의 행복설계

30대는 대부분 가정을 갖는다. 개인에 따라 20대에 결혼하거나 40대에 하는 늦깍기 결혼도 있지만 대부분의 경우 30대는 이미 결혼을 했거나 결혼하기 마련이다.

가정에 새 생명이 태어나는 시기도 이때다. 일찍 결혼한 사람은 학부모가 되는 기쁨을 맛본다. 자녀는 잘 키우면 부모의 보람이자 행복의 원천이다. 그러나 부모-자녀가 원만하지 않으면 일생동안 짐이 되고 걱정의 원천이 된다. 부모가 자녀를 어떻게 양육하고 교육하느냐에 따라 부모-자녀관계가 돈독해진다.

에릭슨은 30대의 발달과업은 '가정에 대한 책임감'이라고 말했다. 가정에 대한 책임감에는 부모의 자녀에 대한 양육책임감 외에 행복한 가정을 만드는 책임도 포함된다. 즉 부부가 서로 화목하도록 노력해야 한다.

늙은 부부가 하는 '석양의 이혼'도 있지만 대부분의 이혼은 30대에 일어난다. 하니문이 끝나고 서로의 실체가 파악되는 순간 이혼하는 부부가 많기 때문이다. 서로 자아정체를 잘하고 서로를 잘 알고 결혼했다 하더라도 결혼생활에는 여러 가지 어려움과 장애가 도사리고 있다. 이 시기에 장애물을 잘 건너뛰면 평생 해로하게 된다. 따라서 30대들은 화목한 가정 만들기에 노력해야 한다.

한편 직장에 대해서는 심각한 의문을 가져볼 필요가 있다. 우리는 10대와 20대에 자아정체를 잘하고, 자신의 적성을 잘 파악하며, 일의 세계에 대한 정보를 충분히 습득하여 자신에게 적합한 직장을 선택해야 한다.

그러나 우리가 아무리 이런 방식으로 직장을 잘 골랐다고 하더라도 실제 직장이 우리가 생각한 바와 다를 수 있다. 이런 불일치는 일부 우리의 경제 환경이 달라졌기 때문에 발생하기도 한다. 예컨대 새로운 유망직종 예컨대 컴퓨터산업이 생겼다던가, 아니면 구조조정의 바람이 불었다던가하는 사회경제적 변화가 생긴다.

만일 자신의 직장의 미래가 어둡거나 자기의 성장과 개발에 도움이 되지 않는다고 판단하면 과감하게 직장을 옮길 필요가 있다.

내가 심리학을 공부하고 처음에 취업한 곳은 내무부 청소년보호대책위원회였다. 당시 심리학도로서 취업할 수 있는 곳은 그곳이 유일했기 때문에 나로서는 선택의 여지가 없었다. 그러나 일 년 후 나는 한국행동과학연구소로 옮겼다. 그것은 잘 한 선택이었다. 만일 내가 그곳에 그대로 머물렀다면 나의 일생은 아마 별정직 공무원으로 끝났을 것이다.

나는 연구소에서 7년간 봉직하고 1974년 유학을 갔다. 연구소도 좋지만 심리학을 더 공부하고 대학교수가 되었으면 하는 꿈이 생겼기 때문이다. 다소 늦은 34세에 도미했지만 이 또한 잘 한 결정이었다. 만일 내가 연구소에 안주했었더라면 아마 나는 교수가 되기는 어려웠을 것이다.

30대가 행복을 위해 설계할 내용은 크게 두 가지이다. 하나는 행복한 가정만들기이다. 이에는 훌륭한 부모가 되는 역할, 훌륭한 남편 또는 아내가 되는 역할 두 가지가 포함되어 있다. 두 번째 설계내용은 자신의 직업을 확립하는 것이다. 이를 위해 현재 직업 또는 직장이 자기가 평생 추구할 만 한 곳인지를 신가하게 판단해야 한다.

자아정체는 30대가 된 후에도 바꾸어질 수 있다. 예컨대 저자와 같이 교수가 되자는 새로운 인생설계를 할 수 있다. 만일 전직 또는 이직이 필요하거나 새로운 직업을 추구하고 싶다면 과감하게 실천해야 한다.

저자가 1974년 하와이 동서문화 센터(EWC)에 장학생시험을 응시했을 때 나 이외에 많은 사람들이 응시했다. 그런데 그들은 모두 남들이 부러워하는 직장을 이미 갖고 있었다. 예컨대 시중은행, 유명 신문사에 근무하였다. 그럼에도 불구하고 그들은 새로운 인생을 설계하고자 과감하게 퇴직하여 유학길에 오른 것이다. 이들 대부분은 미국에서 학위를 따고 귀국하여 자신이 희망했던 새로운 직업을 가졌다.

만일 새로운 인생을 설계한다면 또는 이직과 전직을 하고 싶다면 40대가 되기 전에 결정하는 것이 좋다. 이미 40대가 되면 한 직장에 10년 이상 뿌리가 내린 셈이 된다. 그러면 그만큼 이직하는데 많은 부담과 불이익을 안게 된다. 또 새로운 인생에 도전하려면 정열과 에너지가 필요한데 30대가 가장 적당한 시기이다. 자아정체를 다시 한 번 확고하게 재검해야 하는 시기가 바로 30대이다.

30대의 행복설계 1

훌륭한 부모되기(1)

행복심리학자의 연구에 따르면 행복감을 결정하는 가장 중요한 요인의 하나는 우리의 성격이다. 외향적인 사람은 행복하고 불안증을 가진 사람은 불행하다. 사회적 신분으로나 경제력으로 보아 비슷한 위치에 있는 사람이라 해도 그가 외향적이고 불안하지 않은 경우 내향적이고 불안한 사람에 비해 훨씬 행복하다.

우리의 이러한 성격 특징은 어떻게 결정되는가? 크게 두 가지가 있다. 하나는 유전이고 다른 하나는 부모의 양육방식이다. 따라서 우리 자신의 행복은 적지 않은 양이 우리의 노력이 아닌 외부 또는 3자에 의해 결정된다. 이 얼마나 불행한 일인가?

그러나 부모가 자녀의 성격을 어느 정도 결정해주므로 우리는 어느 정도 희망이 있다. 단 부모를 잘 만난 경우에만 그렇다.

에릭슨은 부모가 자녀가 어렸을 때 사랑을 듬뿍 베풀어주면 자녀가 외향적, 자율적 그리고 진취적인 사람으로 성장한다고 주장한다, 즉 1세 때 자녀는 다른 사람을 좋아하고 신뢰하는 태도가 싹튼다. 2세 때는 자신감을 갖고 혼자 해보려는 적극성을 띤다. 3~5세 때는 진취적 태도가 형성된다.

반면 부모가 자녀를 사랑하지 않거나 잘 돌보지 않으면 1세 때는 남을 꺼리고, 2세 때는 자신감을 잃고 3~5세 때는 불안감을 갖게 된다. 부모가 자녀가 안아달라고 애걸할 때 모른척하거나 때리거나 차별을 하면 자녀는 남을 두려워하고 자신감이 없고 불안해한다.

많은 학부모들이 자녀가 숙기가 없고 내향적이라고 걱정한다. 그러나 그 잘못이 자기에게 있는 줄 모르고 아이만 야단친다; "왜 바보처럼 선생님의 질문에 손을 들지 않니", "왜 엄마치마폭만 매달리니", "왜 다른 애가 때리면 너도 같이 때리지 못하니". 자녀가 이렇게 된 원인은 부모책임이다. 부모가 자녀를 주눅이 들게 만든 것이다.

"어린애니까 그럴꺼야. 크면 성격이 달라지겠지. 애가 몸이 약해서 그래. 태권도를 시키면 달라지겠지". 대부분의 부모들은 이렇게 자녀의 성격문제를 간단하게 생각한다. 그러나 천만의 말씀이다. 어려서 형성된 성격은 전혀 변하지 않은 것은 아니지만 80세까지 간다.

그리고 부모가 자녀에게 충분한 사랑을 베풀어주지 않거나 차별대우를 하면 부모-자녀간의 관계가 악화되고 이는 성인까지 지속된다. 따라서 부모-자녀 간 관계는 처음부터 올바르게 출발해야 한다.

어린 자녀의 성격형성에는 아버지보다는 어머니의 영향이 더 크다. 이것은 영아가 아버지보다는 엄마를 더 필요로 하기 때문이다. 엄마가 자녀에게 왜 충분한 사랑을 베풀지 못하는가? 여러 가지 원인이 있다.

가장 중요한 원인의 하나는 부부간의 불화이다. 부부가 화목하지 못하면 아내는 자녀에게 관심을 쏟을 수 없다. 따라서 부부들은 자녀를 위해서라도 가능한 한 부부싸움을 하지 말아야 한다. 그리고 자녀에게 사랑하는 모습을 보여주어야 한다. 앞에서도 언급한 부모토막살해범 이은석 가정이 그 대표적인 예이다.

이은석의 부모는 모두 최고 엘리트층이다. 그럼에도 불구하고 이 부부는 성격과 살아온 가정배경이 서로 달라 아이들이 어렸을 때부터 불화했다. 일찍부터 부부가 각 방을 썼다. 은석이는 초등학교 때 친구 집을 방문하고 친구부모가 같은 방에 기거하는 것을 보고 놀라서 친구에게 물었다; "어떻게 너의 부모는 남녀인데 남사스럽게 같은 방을 쓰고 계시냐?". 이 말을 듣고 친구도 놀랐고 이은석 부모도 놀랐다. 이은석 부모는 자신들이 자식에게 나쁜 모습을 보여준다고 반성하고 합방에 들어갔다. 그러나 워낙 부부 사이에 골이 깊었는지라 얼마 못가 다시 각방을 쓰게 되었다.

이은석은 내성적 성격이 되어버렸고 공부는 전교에서 8등 이하를 놓쳐보지 않았으면서도 늘 불안했고 자신감이 부족했다. 내성적

이어서 친구도 잘 사귀지 못했다. 서울 명문대학에 입학했으면서도 늘 불행했고 절망적이었다.

어머니가 직장을 가져 아이를 충분히 돌보지 못하는 것은 나쁜 영향을 주는가? 반드시 그렇지만은 않다. 부모가 아이와 갖는 시간의 총량이 중요한 것이 아니다. 그 질이 중요하다. 오히려 부모가 자녀를 미워하면서 하루 종일 같이 있는 것은 차라리 없는 것만 못하다. 직장 일에 바쁘더라도 귀가하여 아이들을 충분히 사랑해주고 돌봐주면 아무 이상이 없다.

결론적으로 자녀의 행과 불행은 어느 정도 부모가 결정한다. 자식을 행복한 사람으로 만들려면 자녀에게 사랑을 듬뿍 베풀어야한다. 아기는 사랑을 먹고 자라나는 존재다. 그러나 자녀가 사춘기로 들어가면 다른 식으로 자녀를 훈육해야한다. 무조건적인 사랑은 자녀를 이기적이고 무책임한 사람으로 만든다. 따라서 이 글 즉 '훌륭한 부모 되기'는 자녀의 연령별로 다시 자세히 언급할 것이다.

부부싸움을 현명하게 하기

  결혼생활은 각자 살아온 생활환경과 습관, 성격, 가치관이 서로 다른 사람끼리 발을 맞추어 사는 것이다. 그러므로 아무리 천생연분이라 할 부부도 살다보면 부부싸움을 하기 마련이다. 피치 못할 부부싸움이라 하더라도 이를 현명하게 치루면 결혼생활이 순조롭다. 그러나 부부싸움이 잦고 이를 해결하지 못한 채 살게 되면 언제 화약고가 터질지 모른다. 따라서 부부싸움의 원인과 그 해결책을 잘 알아두는 것이 필요하다.

  부부싸움은 신혼 초보다는 결혼 후 일 년 정도부터 발달하는 것이 보통이다. 따라서 30대에서 제일 많이 부부싸움을 하기 쉽다. 부부싸움 초기에 이를 현명하게 넘기면 부부가 해로한다.

  부부싸움의 원인을 살펴보면 미국이나 한국이나 별 차이가 없다. 2001년 결혼정보회사 '듀오'가 전국의 기혼남녀 681명을 전화로 설문해 본 결과를 보자. 부부싸움의 원인을 묻는 질문에 '성격차이'가 35.2%, '경제적인 문제', 18.2%, '무관심', 15.6%, '본가나 처가문제', 13.1%, 그리고 '자녀문제'가 9.3%를 점했다. 미국의 경우를 보면 하류층일수록 '경제적인 문제'로 인한 갈등이 더 심했는데 이는 아마 우리나라도 마찬가지일 것이다.

부부싸움이 극단적으로 흐르는 것은 서로 상대방을 헐뜯는 데 원인이 있다. 예컨대 상대방의 못마땅한 행동을 탓할 때 이를 상대방의 성격으로 돌리는 경우가 많다. 예컨대 '당신은 성격이 못돼 먹었어', '당신은 이중인격자야'라고 어떤 행동을 그의 성격 탓으로 돌리는 경우가 많다. 이 경우 두 부부는 끝내 화해할 수가 없다. 왜? 성격이란 쉽게 고쳐지는 것이 아니기 때문이다. 성격 탓으로 돌리기보다는 상황 탓으로 돌리는 것이 현명하다. 당신이 요새 나한테 신경질을 내는 것은 '회사가 잘 돌아가지 않기 때문이지요', '당신이 요새 일이 너무 많아 신경이 날카로워진 것 같아'라고 문제행동을 상대방의 성격이 아닌 다른 상황으로 돌리면 둘 사이에 이해와 화해의 공간이 더 넓어진다.

상대방의 약점을 공격하는 것도 자제해야 한다. 부부싸움은 어떤 문제 때문에 발생한다. 그런데 부부싸움이 격해지다보면 그 문제에서 떠나 상대방의 약점, 상대방의 가정, 자녀까지 끌어들이게 된다. 이것은 자제해야 한다. 예컨대 자녀의 용돈문제로 부부간에 싸움이 벌어졌다고 가정하자. 그러면 자식이 용돈을 헤프게 쓰는데 그것을 어떻게 가르쳐야 할 것인가를 놓고 자기 의견을 말해야 한다. 그러나 그것이 상대방에 대한 공격으로 이어지기 쉽다. 예컨대

'당신이 평소 돈을 헤프게 쓰니까 애들이 다 그렇다', ' 평소 애들
에게 교육을 잘못 시켰다' 등으로 상대방을 공격해 사소한 부부싸
움이 대형 전투로 발전되는 경우가 많다. 부부싸움을 현명하게 하
는 방법은 부부싸움의 단초가 된 사소한 일 그 자체에 국한해야
한다. 이를 확대하는 것은 금물이다. 처음에는 그럴 의도가 없었더
라도 감정이 격해지면 평소에 쌓였던 울분이 한꺼번에 폭발하여
소규모의 국지전이 큰 전쟁으로 확대된다.

사소한 일로 자주 싸우는 것은 좋지 않다. 이것이 습관화될 수 있기 때문이다. 어떤 부부는 아침에 일어나서 잘 때까지 서로 상대방을 헐뜯는 이야기로 시종일관하는 부부가 있다. 옆에서 보면 당장 헤어질 것 같은데 그렇지도 않다. 이들은 처음에 길을 잘못 들어선 것이다. 왠만한 것은 서로 못 본 척하고 지나가야 하는데 그렇지 못하고 또 이것이 습관화된 것이다. 이 부부가 이혼하지는 않더라도 자녀나 주위 사람에게 주는 심리적 불편감은 크다. 따라서 일상적인 문제로 자주 다투지는 말아야한다.

그러나 반대로 '현모양처형'이나 '착한 남편상'이어서 화가 나더라도 이를 꾹 참고 넘어가는 것은 좋지 않다. 이것은 본인이나 부부를 위해서도 좋지가 않다. 즉 남편이 매일 같이 늦게 들어오는데도불구하고 현모양처처럼 보이려고 화를 내지 않은 것은 좋지가 않다. 우선 그러면 남편은 계속 늦게 들어와도 괜찮은 것으로 착각할 것이다. 또 이를 참으면 아내 자신에게는 스트레스가 쌓여 우울증에 걸린다. 우리가 화를 계속 속으로 삭히면 이것이 점점 부풀어올라 대형 사고를 치게 된다. 즉 한꺼번에 화를 폭발하게 되어 자제력을 잃게 되고 대형부부싸움으로 번진다. 따라서 반드시 짚고 넘어가야 할 부부문제가 발생하면 이를 묵인하지 말고 자초지종을 서로 듣고 물어봐야 한다. 그러면 부부싸움이 소규모의 전투로 끝나게 된다.

가정을 순탄하게 지키는 하나의 방법은 서로 각자 전담영역을 나누는 것이다. 예컨대 재테크는 남편에게, 집안살림, 자녀교육, 집안장식은 부인에게 등등. 이렇게 가정의 중대사를 놓고 각기 전담영역을 맡는 것이다. 이 전담영역은 누가 가장 잘 할 것인가를 서로 상의한 후 결정하는 것이다. 그리고 각자는 자기 전담영역 이외에는 관여하지 않는 것이 좋다. 물론 각 전담영역을 맡은 사람은 이를 위해 최선을 다 해야하고 큰 과오를 범했을 때는 전담권을 양보해야 한다. 각자 전담영역을 나누었다하더라도 현명한 부부는 이를 서로 상의하는 경우가 많다.

대개 우리나라에서는 부인이 가정의 중대사를 모두 결정한다. 경제권, 자녀교육방법, 부동산 투자, 기타 등등. 그리고 남편은 부인으로부터 용돈을 타쓰는 존재다. 그러나 미국을 보면 재테크는 남편이, 가정살림은 부인이 나누어 맡고 있다. 남자가 경제권을 잡는 것은 경제지식이 더 많다고 생각하기 때문이다. 서로 각자 전담영역을 맡고 이를 존중해주면 그만큼 부부가 서로 다툴 일이 줄어든다.

앞의 조사결과에서 본 바와 같이 부부싸움은 성격차이, 가치관, 인생관의 차이로 발생하는 경우가 많다. 이 경우는 부부가 자기들끼리 이 문제를 해결하려 하기보다 부부카운셀러를 만나보는 것이 좋다. 왜냐하면 이런 문제는 부부가 서로 해결하기가 어렵기 때문이다. 부부카운셀러는 부부각자의 문제를 심층적으로 분석하고 부부가 서로 융합하도록 도움을 준다. 기타 다른 문제로 잦은 부부싸움을 하는 부부도 도움을 받을 수 있다. 즉 부부카운셀러는 대화기법, 남의 기분과 행동을 잘 읽는 방법, 그리고 화목한 부부생활기법을 가르쳐 준다.

30대의 행복설계 3
직장에서 성공하기

직장에서 어떻게 성공하는가는 직장의 종류, 풍토, 조직의 특성에 따라 다를 수 있다. 예컨대 군대조직에서 성공하는 사람과 컴퓨터 프로그래머로 출세하는 사람이 서로 다를 수 있다. 그러나 직장에서 성공하는 사람의 기본적인 특징은 다를 바 없다는 것이 나의 체험이다. 나의 직장경험을 토대로 어떻게 하면 직장에서 승진하고 성공할 수 있는가를 이야기해보고자 한다.

나는 대학원을 다니면서 서울대 학생상담소에서 월급을 받고 일했다. 인턴과정을 끝내고 레지던트 1년 과정을 끝냈다. 당연히 레지던트 2년차 과정을 밟아야 하는데 중간에 잘렸다. 그래서 나는 크게 낙담하고 실직이란 것이 얼마나 당사자에게 고통을 주는 것인가를 실감했다. 해고는 당사자에게 사형선고나 다름없다.

내가 상담소에서 잘린 이유는 사실 내가 쓴 글 때문이었다. 나는 당시 서울대 대학신문인 '대학신문'에 '자기 PR시대'란 제목으로 수필을 하나 썼다. 그 내용은 우리나라는 유교사회고 겸양과 체면을 중시하는 사회라서 자기 과시나 자기선전을 하지 않는 풍토인데 최근에 서양식으로 자기선전을 하는 풍토로 바뀌고 있음을 개탄한 것이었다. 그런데 그 글에서 여러 종류의 자기선전 행위를 예로 들었고 그 중에 한 예로 교수들 중에서도 책 겉표지만 읽고 마치 그 책을 다 읽은 양 떠드는 교수가 있다고 적었다.

그 신문이 배포된 며칠 후 상담소의 실력자인 K교수가 황송스럽게도 내가 있는 방으로 오셨다. 그리고 '자네 참 명문을 대학신문에 실었넌네'하고 지나가는 말투로 말씀하셨다. 그 때만 해두 나는 순진해 그 말의 저의를 몰랐다. 말하신 투로 보아 칭찬같지는 않지만 그렇다고 해서 그것이 책망은 아니었다는 느낌이 들었기 때문이다. 그러나 나중에 상담소에서 그 글을 가지고 침소봉대하는 사람들이 생겼다. '그 글의 예가 어떤 교수다'라고 단정 짓는 사람들이 생겨난 것이다. 그들이 쑥덕거리는 이야기를 듣고 나니 K교수가 내 방에 일부러 들르신 것이 생각났고 교수님의 지적이 칭찬이 아니라는 것을 느끼게 되었다. 그러나 나는 그 필화사건이 나의 해고로 이어질 줄은 몰랐다.

해고를 당하고 나니 너무 억울했다. 나만 잘린 것이 아니라 상담소에서 서울대 심리학과 출신은 모두 해고되었다. 그리고 사립대와 여자대학 출신들만 남았다. 그러나 K교수(나중에 상담소 소장이 되셨음)가 나를 해고한 것은 전화위복이었다. 그렇게 된 사연은 다음과 같다. 나는 해고를 당하고 하도 억울해 상담소 창립에 큰 공헌을 하신 C교수님을 찾아 뵈웠다. 사실 그분은 내가 다녔던 과의 교수도 아니고 다만 대학원 때 강의를 듣고 상담소에서 배웠을 뿐이었다. 다시 말하면 그분의 직계 제자가 아니었다. 그분을 찾아 뵙고 "너무 억울하다, 소장님이 교수이신데 교수시라면 공명정대해야하는데 사적인 감정으로 연구원을 해고 할 수 있으신가"하고 하소연을 했다. 그랬더니 C교수님이 '자네 앞으로 무엇을 할 것인가'하고 물으셨다. 사실 그 때는 대학원 1년차라 무엇을 공부할 건지 아직 결정하지 못한 때였다. 그러나 내가 상담소에서 2년 동안 배운 것이 임상심리학이므로 '임상심리학자가 되고 싶습니다'라고 말씀드렸다. 그랬더니 그 교수님은 빙그레 웃으시면서 '언제 우리가 만나서 같이 일할 때가 있을 거야'하셨다. 그러나 나는 그 말씀을 건성으로 듣고 넘어갔다. 그러나 그로부터 2년 반이 흐른 후 C교수님이 연구소를 하나 만드시고 나를 불러주셨다. 그 분은 약속을 지키신 것이다. 그리고 그 연구소에서 내가 성장하였고 미국유학까지 하고 오게 되었다.

해고 당시 나는 K교수님을 원망하였다. 그러나 나는 오히려 지금은 그 분께 감사드린다. 내가 해고당하지 않았더라면 아마 내가 C교수님과의 인연을 맺을 수 없었기 때문이다. 전화위복이란 이런 경우를 두고 한 말이다. 그러나 이때 해고란 두 번 다시 당해서는 안 될 일이라는 것을 깨닫게 되었다. 그리고 직장에서 몸조심하고 열심히 일해야 한다는 각오를 다지게 되었다.

나는 한국행동과학연구소에서 도미하기 전 7년 그리고 귀국 후 3년 도합 10년을 봉직했다. 연구소가 창립한지 1년 후 입소하였으므로 거의 초창기 맴버나 다름 없었다. 연구소는 봉급도 많았고 배울 것이 많아 나에게는 최상의 직장이었다. 그래 서 나 딴에는 열심히 일했다. 연구소가 처음엔 문교부 지원으로 편하게 살림을 하다가 3공 때 권 문교부 장관이 학생데모연구를 해달라는데 우리가 이를 거절함으로써 문교부로부터 지원이 끊기고 자립해야만 했다. 그래서 연구소가 바빠지기 시작했다. 여관에 머물며 10일 동안 밤샘작업을 했다. 다행히 우리가 시도한 완전학습이란 교육보충프로그램이 크게 히트해 연구소가 더 커지고 재정적으로 독립할 수 있었다.

더구나 2년 후에는 한국역사상 최고의 연구비를 미국 USAID로부터 지원받아 인구문제를 사회심리학적으로 연구하기에 이르렀다. 그리고 이 프로젝트를 수행하는 부서의 책임을 내가 맡게 되었다. 이 연구는 미국의 저명한 교수와 국내 저명한 인구문제 연구가를 고문으로 한 국내최대의 연구였다. 입소해 열심히 일한 덕분에 소장님께서 이 프로젝트의 책임을 안겨주셨다. 연구소는 소장님의 제자들인 서울대 교육학과 출신이 많았다. 그러나 소장님은 부서의 책임을 능력 위주로 정하셨다. 당시 연구소에서 가장 큰 프로젝트는 내가 맡은 인구문제와 고 김순택 박사가 지휘한 완전학습프로젝트였다. 김순택 박사도 경북대 출신이므로 소장님의 직계제자는 아니었다. 이렇게 소장님은 자기 제자, 남의 제자를 가리지 않고 능력 본위로 책임을 맡기셨다.

인구문제연구를 맡으면서 밤늦게 일하고 휴가도 반납하기 일쑤였다. 오랜만에 여름휴가를 받아 느긋하게 집에서 쉬려는데 소장님으로부터 연구소로 출두하라는 연락이 왔다. 왠일인가 싶어 가보니 소장님께서 '휴가 좋아 하네'하면 웃으셨다. 그러나 그때는 불러주신 것만으로도 행복했다. 나를 인정해주시는 말씀에 밤을 새우고 또 거기다 휴가조차 반납한 것이 나에겐 피곤하고 억울한 일이 아니었다.

국제연구라서 보고서도 영문으로 써야 했다. 그런데 나에게 책의 2장을 맡아 쓰라는 것이다. 그 보고서는 소장님의 제자 중 미국서 박사학위를 따고 귀국한 두 명의 자문교수와 미국의 한 교수가 쓰기로 했는데 나에게도 임무가 부여된 것이다. 나는 두말 않고 전력투구했다. 나중 같이 공저한 자문교수가 나 때문에 스트레스를 받았었다고 나에게 회고조로 말했다. 미국 근처에도 가보지 못한 연구원이 영문보고서를 쓰고 있는데 막상 미국에서 학위를 받은 자기들이 잘못 쓰면 망신이라는 생각이 들었기 때문이었다고 한다.

직장에서 성공하기는 간단하다. 불평불만 없이 열심히 일에 파묻히면 된다. 연구소에는 나 말고도 서울대 심리학과 출신들이 여럿 있었다. 그러나 그들은 나만큼 연구소에 애착을 갖고 있지 않다. 예컨대 연구소 창립기념일이나 행사가 있어 가보면 늘 나 혼자이다. 그래서 그들에게 연구소 신세를 많이 졌는데 왜 발길을 끊느냐하고 물으면 자신은 연구소에서 교육학과 출신으로부터 차별을 많이 당했다고 푸념한다. 나도 어렴풋이 그런 느낌을 받곤 했다. 그리고 사실 나중에 알고 보니 내 밑에 있는 연구원이 부장인 나보다 월급이 더 많았다(물론 그 연구원은 나보다 나이는 더 많다. 그러나 연구소 입소는 내가 더 일찍 했다). 그러나 나는 그런 것에

개의치 않았다. 월급이 적더라도 나는 그의 상관이었기 때문이다.

귀국하고 약 2년 동안 연구소 부소장 직을 맡아 많은 연구원을 거느려 보았다. 나의 경험에 따르면 부하에는 세 부류가 있었다. 한 부류는 아주 소극적으로 일하는 사람이다. 상사가 지시하지 않는 한 움직이지 않는 사람이다. 다른 업종이면 모르지만 연구소란 직업은 각 연구원이 창의적으로 자기 일을 계획해 나가야 한다. 상사가 지시할 성질이 아니다. 두 번째 부류는 상사 앞에서는 열심히 제안도 하고 일하는 척 하는 사람이다. 그러나 일을 맡겨보면 실망스럽다. 열심히 창의적으로 일하지 않는 사람인 것이다. 마지막 부류는 묵묵히 일하지만 정말로 열심히 그리고 창의적으로 일하는 사람이다. 상사가 자기 부하가 어떤 종류의 사람인지를 가리는 것은 아주 쉽다. 그의 창작물을 보면 안다. 직장에서 성공하는 두 번째 방법은 바로 상사의 눈에 드는 것이다.

최고위층은 각 말단 사원을 잘 모른다. 그를 추천하는 것은 직속상관이다. 최고위층에 눈에 들려고 애쓸 필요는 없다. 오히려 그런 사람은 아첨꾼으로 낙인 되기 쉽다. 열심히 일하면 상사가 당신을 높이 평가하고 그가 당신을 최고위층에 추천할 것이다.

중간관리자나 상층관리자가 된 후에는 어떻게 처신해야 하나? 연구소가 한창 성업중일 때는 연구원이 120명 가량 되었다. 그러다 보니 중간관리자나 상층관리자가 늘어났다. 내가 부소장으로 경험한 바에 따르면 중간관리자나 상층관리자는 크게 두 가지 타입이 있다. 하나는 완전히 관리만 하는 사람이다. 이런 사람은 위에서 지시받은 프로젝트를 연구원에게 배정해주고 관리감독만 한다. 이런 사람은 주로 결재서류에 도장이나 찍고 연구원들의 출퇴근, 복장 등에 관심을 갖는다.

물론 하급자를 잘 감독하는 것이 중간관리자나 상층관리자가 할 중요한 일이다. 그러나 이런 사람은 최고관리자로서는 부족하다. 최고관리자가 되려면 중간관리자가 단순히 부하감독만 해서는 안 된다. 스스로 자기 부서에서 진행하는 업무에 관해 많은 연구를 해야 한다. 특히 연구소 업무란 어떻게 해야 된다는 방법이 정해져 있지가 않다. 더 많은 공부를 하고 더 많은 노력을 해야 정말 질적인 연구가 생산된다. 그러므로 중간관리자는 실력으로 부하를 이끌어 나가야 한다. 나는 일단 내 부서에서 진행되는 프로젝트에 대해서는 다른 그 어느 연구원보다 더 잘 알아야 한다는 강박관념을 가지고 일했다. 그리고 적당 적당히 넘어가는 연구원을 그냥 내버려두지 않았다. 어떻게 보면 깐깐하고 다그치는 상사였다.

　나는 연구소에 있었을 때 나 나름대로 최선의 노력을 경주했다
고 자부한다. 내가 맡은 부서에서 굉장히 높은 수익을 올렸다. 부소
장직을 맡아서도 최선을 다했다. 그래서 연세대에 1981년 3월에 부
임하기로 되어있는 것을 소장님이 간곡히 부탁해 6개월을 더 봉직
하고 연세대로 옮겼다. 그 덕에 연세대 봉직기간이 24년 6개월이
되었고 6개월이 모자라 그만 명예교수가 되지 못하고 불명예교수로
퇴임하게 되었다. 언젠가 이런 사실을 소장님께 말씀드렸더니 '그럼
나보러 지금 그 보상을 해달라는 거야'하고 농조로 말씀하신다.

　내가 6개월이 모자라 명예교수가 못된 것이 아쉽기는 하다. 그
러니 내가 갑자기 연구소를 그만 두면 연구소가 흔들린다고 하시
면서 6개월만 더 봉직해달라고 요청하신 당시 이성진 소장님이 나
를 감동케 했다. 그까짓 명예교수보다 상사가 나를 신임해 주었다
는 사실이 나에게는 더 소중한 것이다.

행복설계치고는 너무 사소하고 간단한 문제인 것 같지만 사실은 그렇지 않다. 노인문제의 세계적 권위자인 앤드류 웨일 교수가 작년 타임지(2005년 10월 17일자)에 기고한 '건강한 노년기'란 칼럼에서도 담배를 반드시 끊어야 한다고 강조하고 있다. 그리고 가능하면 조기에 금연해야 한다고 말한다. 이유는? 각종 암과 호흡기 질환, 그리고 성인병 예컨대 고혈압, 당뇨에도 좋지가 않다는 것이다. 담배를 피는 사람은 금연가보다 5년 내지 15년 일찍 단명한다고 한다. 그러니 행복설계 중 가장 중요한 설계가 아닐 수 없다.

우리나라는 다른 선진국에 비해 흡연인구가 너무 많다. 그리고 더 심각한 것은 청소년층의 흡연율이 아주 높다는 것이다. 청소년 중 여학생도 흡연자가 많고 이는 증가일로에 있다. 여성흡연은 남성에 비해 더 폐해가 크다. 특히 임신부가 끽연을 하면 태아에게 심각한 영향을 준다.

한국인의 흡연율이 높은 이유는 그 독특한 한국적 원인에 있다. 첫째 군대에서 담배를 무상으로 나누어 주기 때문이다. 공짜로 주기 때문에 피고 싶지 않아도 자연 끽연자가 된다. 둘째 집단주의 문화 때문이다. 담배를 피우는 친구가 있으면 꼭 다른 친구에게 담배를 피우도록 은근히 압력을 가한다. 그리고 담배 값이 너무 싸다. 미국에 가면 담배 값이 비싸서 부담이 되고 그래서 아예 끊어버리는 사람이 많다. 또 집단주의 문화라 담배 인심이 후하다. 미국서는 친구끼리 담배를 권하는 경우가 그리 흔치 않다. 그러나 우리는 혼사 담배를 피우지 않는디. 서로 술 권하듯이 권하기 마련이다. 그러므로 담배를 안 피려하다가도 권하는 바람에 한 대만 하고 피우게 된다.

나도 대부분의 한국청소년이 그러하듯 대학에 들어가면서부터 담배를 피웠다. 마치 담배피우는 것이 이제 성인이 다 된 증표가 되는 양 입학하자마자 담배를 피웠다. 그리고 그 당시 나의 학과 친구 10명 중 담배를 안 피우는 사람은 여자 2명을 빼면 단 한 사람뿐이었다.

직장생활을 하면서 담배를 계속 피웠고 유학중에도 마찬가지였다. 1970년대 초에는 미국의 담배 값이 그렇게 비싸지 않았다. 그리고 당시 한국에서는 양담배를피우면 잡아갔다. 양담배를 국산 담배 갑에 집어넣고 피웠는데도 그 담배연기를 용케 냄새맡고 감시원이 양담배 피는 사람을 잡아갔다. 그런 살벌한 국내에서 살다가 미국으로 건너갔다. 그곳에서 평소 피우고 싶었던 양담배를 싼 값으로 살 수 있으니 천국 같았다. 특권층이 된 것처럼 나는 담배를 더 많이 피게 되었다.

니코틴이 두뇌작용에 일시적 영향을 주는 것은 사실이다. 그래서 글을 쓰는 사람, 공부하는 사람들이 핑계 삼아 담배를 많이 핀다. 나는 귀국 후에도 담배를 계속 피웠고 이는 연세대로 직장을 옮겼어도 마찬가지였다. 그러던 것이 약 50세 전후에서 어느 해 독감을 심하게 앓고난 후 담배 맛이 싹 가신 것을 계기로 담배를 뚝 끊게 되었다. 담배를 끊으니 우선 집안이 깨끗해졌다. 라이터, 성냥, 재떨이가 필요 없게 되었고 주머니 속이 늘 청결했다. 집안 식구들이 모두 좋아했던 것은 물론이다.

담배를 끊었더니 체중이 늘어났다. 그래서 담배를 못 끊겠다는 사람이 있다. 즉 담배가 다이어트 대용이라는 변명이다. 그러나 담배는 살이 찌지 못하게 할 만큼 우리에게 해롭다는 사실을 인식해야 한다.

웨일박사는 담배중독은 마약중독과 마찬가지라고 한다. 일단 중독되면 끊기가 어렵기 때문이다. 끽연자에게 담배를 끊으라고 하면 그들은 여러 가지로 합리화한다. 사람이 교통사고로 급사할 수 있는데 담배의 악효과는 늦게 나타나므로 괜찮다느니, 시인 오상순도 하루에 담배를 10곽 씩이나 피고도 80세까지 장수했다고 우긴다. 그러나 만일 공초 오상순이 금연했다면 100세까지 장수했을 것이라는 생각은 아예 하지도 않는다.

일단 담배에 중독되면 끊기가 어렵지만 불가능한 것은 아니다. 대부분이 나의 경우처럼 아프고 난 후 얼마간 금연을 한다. 이때가 절호의 찬스다. 모질게 마음을 먹고 금연해야 한다. 금연은 될 수 있는 대로 가족, 친구, 지인에게 공표하는 것이 좋다. 그래야 담배 생각이 나더라도 체면상 다시 피울 생각을 못 한다. 그리고 당분간은 군것질, 예컨대 껌, 사탕, 과자 등으로 심심한 입을 달랠 필요가 있다. 고 코미디언 이주일의 금연 공익광고를 프린트해 책상 코앞에 모셔두는 것도 효과가 있다.

요즘 아들 녀석과 담배 끊는 문제로 옥신각신한다. 군대에 있을 때부터 끊겠다고 언약하더니 휴가 때 나오면 담배가 책상에 놓여 있기 일쑤다. 담배를 발견하고도 그 때는 군복무가 힘드니 담배가 필요하겠지 하고 그냥 넘어갔다. 그러나 작년 11월에 제대한 후에는 우리 부부가 아들에게 압력을 넣었다. 자기 몸에 암발생 요소를 주입시키는 야만인이라고 혹평을 했다. 그랬더니 아들이 얼마 후 담배를 끊었다고 공언했다. 너무 잘 결심했다고 칭찬했다. 그것이

바로 효도라고 말했다. 그 후 담배 갑이 그의 방에서 보이지 않아 이젠 정말 담배를 완전히 끊은 것으로 알았다.

그러다 며칠 전 저녁을 먹고 맥주가 생각나 아들에게 심부름을 시켰다. 그런데 코앞에 있는 가게 집에 간 녀석이 생각보다 늦게 돌아왔다. 속으로 이 녀석이 담배를 피고 오나하고 의심을 했지만 증거도 없어 그냥 넘어가려했다. 그런데 그녀석이 내민 맥주병을 받아들이는 순간 그의 몸에서 담배냄새가 물씬 풍겼다. 너무 화가 나서 머리에 꿀밤을 주었다. 자식에게 꿀밤이나마 체벌을 준 것은 정말 생전 처음이다.

그랬더니 아들 녀석이 나에게 항의를 한다. 자기 나이가 몇 살인데 꿀밤을 주느냐고. 그러나 나는 아들이 그간 금연했다고 속인 것이 너무 화가나 더 야단쳤다. 어떻게 그렇게 부모에게 거짓말을 할 수 있느냐, 남자가 한 번 결심하면 실행해야 하지 않느냐고 다그쳤다.

아들이 담배 끊기를 정말 간절히 바란다. 자식이 부모의 건강을 염려해야 하는데 우리 집은 부모가 자식의 건강을 염려하고 있다. 담배는 자신의 건강은 물론 배우자, 자식들의 건강을 위해서도 꼭 끊어야 한다. 담배 끊기가 무슨 행복설계냐고 반문하는 사람이 많지만 장기적으로 보면 금연만큼 우리의 행복을 담보해주는 것도 없다. 이 글을 읽은 사람 중 끽연자는 당장 이 순간부터 금연하라. 반드시 당신의 미래는 행복할 것이다.

30대의 행복설계 5
동기간의 우의를 다지자

상담을 하다보면 많은 피상담자들이 동기간에 사이가 좋지 않은 것을 발견할 수 있다. 물론 이들이 상당을 받으러 온 목적은 형제자매간이 서로 불화해서 온 것은 아니다. 주로 남편 또는 시부모와의 불화가 그 원인이다. 그러나 이들의 가정사를 들어보면 동기간이 화목하지 않은 경우가 많다.

동기간이 화목하지 않은 경우는 부모의 탓이 크다. 부모가 아들만 사랑하고 딸을 차별하는 경우 딸끼리는 화목하지만 딸과 아들 사이는 벽이 생긴다. 즉 자매들은 자기들이 부모로부터 찬밥신세가 되는 것이 오빠나 남동생 때문이라고 생각하고 그들을 미워한다. 딸만 낳다가 아들을 낳은 경우 부모가 아들을 편애하는 경우가 많고 이 경우 자매들이 차별대우를 받는 경우가 많다. 우리나라는 남아존중사상이 강하다. 그 원인은 유교의 영향으로 가계계승이 중요한 덕목으로 간주되기 때문이다. 그래서 딸은 찬 밥 신세가 되는 경우가 많다. 부모가 아들만 귀여워하면 동기간에 불화가 생긴다.

부모의 자식 편애도 동기간에 불화를 초래한다. 동기는 같은 핏줄을 갖고 태어났지만 부모의 사랑을 독차지하기 위해 서로 경쟁하는 라이벌 관계이다. 부모도 사람인지라 여러 자식들 중 특히 눈에 쏙들어오는 자식이 있다. 그래서 자기가 낳았다하더라도 특히 어떤 자식을 더 편애하기가 쉽다. 그러면 사랑을 듬뿍 받은 자식은 자신감과 자부심이 높아지지만 찬밥신세인 자식은 열등감과 미움을 키운다. 그리고 형제간의 사이가 악화된다.

동기간의 화목은 건전한 성격발달에 중요할 뿐만 아니라 우리들의 행복에도 중대한 영향을 미친다. 아무리 친구가 중요하다 하더라도 우리는 자신의 형제자매를 더 사랑하고 신뢰하기 마련이다. 즉 제일 믿음직한 사람은 누가 뭐라고 해도 부모이고 그 다음이 형제자매이다. 그런데 여러 가지 이유로 형제자매가 서로 불화하는 경우가 많다. 심한 경우에는 원수지간처럼 지내는 경우가 있다. 한 예를 들어보자.

30대 후반의 주부가 아버지와의 불화 때문에 상담을 받으러 왔다. 부모가 서로 사이가 좋지 않아 자기는 아버지를 모시는 반면 미혼인 남동생은 어머니와 살고 있다. 그녀는 첫째 딸이고 여동생이 하나 있으며 남동생은 막내이다. 그녀의 문제는 아버지를 더 이상 모실 수 없는데 여동생은 몸이 약해서 곤란하고 남동생이 맡아야 한다. 그런데 남동생의 약혼자가 결혼하더라도 시아버지될 분을 모시지 않겠다는 것이다. 아버지는 자기와도 사이가 안 좋지만 자기 남편 즉 사위와도 옥신각신한다. 어떻게 하면 좋겠는가 하고 상담을 청해 왔다. 나는 당신의 가정이 중요하므로 남동생에게 아버지를 모셔가도록 단호하게 이야기하라고 말했다. 내담자는 아버지로부터 사랑을 받지 못하여 아버지에게 아쉬움이 많지만 마음씨가 착해 아버지를 맡고 있다. 그런데 장인과 사위 사이에 냉전이 시작된 것이다. 내가 여기서 말하고자 하는 것은 부녀 사이의 관계가 아니라 누나와 남동생 사이의 관계다.

그녀의 아버지가 아들만 편애하여 두 자매는 남동생과 사이가 좋지 않다. 그렇다고 서로 적대시하고 싸우는 정도는 아니다. 다만 사랐을 때 실가운 괸계기 아니었다. 결혼한 후에는 점점 더 사이가 멀어지게 되고 이제는 아버지를 모시는 문제로 서로 신경전을 벌리게 되었다. 이 경우 물론 아버지는 딸보다는 아들이 모셔야 한다. 그 이유는 아들은 부모로부터 사랑을 더 많이 받았고 딸보다(두 딸은 고졸자임) 더 교육을 많이 받았기 때문이다(아들은 대졸자임). 그리고 우리나라 관습상 아들이 아버지를 모시는 것이 당연하기 때문이다. 그러므로 가정의 평화를 위해 내담자는 아버지를 남동생에게 맡기는 수밖에 없다. 물론 부녀 사이가 서로 화목했다면 이야기는 다르다. 그녀는 아버지가 성격이 불같아 큰 낭패를 본 것을 기억하고 있다. 그녀가 어렸을 때 화장실에서 목욕을 하고 있는데 아버지가 날씨가 더운데 목욕을 한다고 발가벗은 그녀를 대문 밖에 내다버린 적이 있다. 아버지를 모시는 문제로 두 남매간에 알력이 생길 것이다. 만일 그녀가 남동생과 평소 사이가 좋았다면 아버지를 모시는 문제는 쉽게 해결될 수 있었을 것이다. 예컨대 서

로 대화를 통해서 아버지를 번갈아 가면서 모시는 방법을 강구할
수 있었을 것이다.

형제자매는 많으면 많을수록 좋다. 서로 가르치고 배우는 것이
많기 때문이다. 앞에서도 말했지만 나는 8남매 중 가운데로 태어나
없는 것이 없었다. 즉 누나도, 형도, 남동생, 여동생도 있다. 어머니
도 사랑을 많이 베풀어주셨지만 누나 등에 업혀서 자라고 커서도
누나로부터 용돈도 받는 등 많은 신세를 졌다. 형은 또 나의 우상
이었다. 공부도 잘하고 글 솜씨도 뛰어났다. 형을 따라가야지 하는
강박관념이 있었던 것도 사실이다. 그런 만큼 형은 나의 여러 면에
서 멘토의 역할을 해 주었다.

형제간의 우의는 사실 결혼하기 전에 돈독해야 한다. 그래서
'동기간의 화목'이란 설계는 사실 10나 20대가 세워야 할 목표이다.
그런데 30대의 목표의 하나로 끼워놓은 이유는 이때부터 본격적으
로 동기간의 사이가 틀어질 수 있기 때문이다. 동기간이 아무리 화
목하더라도 일단 결혼을 하게 되면 과거처럼 자주 만날 수가 없다.
그러다 보면 점점 정이 엷어지고 간혹 오해도 생길 수 있다. 특히
집안의 경조사, 행사 등의 문제로 시누이와 올케 사이에 그리고 형
수, 계수와 시아주버니와 시동생간의 알력이 있을 수 있다. 이때
평소 동기간이 화목했더라면 형제자매간의 갈등은 쉽게 해결될 수
있다. 그런데 위의 상담사례처럼 그렇지 못한 경우 동기간의 문제
가 더 어렵게 꼬인다.

동기간이 화목했었다 하더라도 부모가 많은 유산을 남긴 경우,
그리고 이를 생전에 정리하지 않은 경우, 형제간에 유산을 놓고 싸

우기 쉽다. 유산문제가 생긴 경우, 동기간끼리는 쉽게 해결을 볼 수 있을지라도 그들의 배우자가 버티는 까닭에 문제가 복잡해진다. 우리나라의 민사소송에서 적지 않은 건이 바로 부모의 유산상속과 관련한 고소사건이다. 이런 고소사건은 남 보기에도 좋지 않을 뿐더러 결국은 변호사 좋은 일만 시키는 셈이다. 즉 많은 소송비용 때문에 이겨도 별로 남는 것이 없다. 따라서 부모들은 유산을 미리 정리해 둘 필요가 있다. 가능하면 사회에 환원도 해서 유산 때문에 자식들이 싸우지 않도록 배려해야 한다.

결국 동기는 서로 화목하면 우리 인생에 큰 행복을 가져다주지만 불화하면 차라리 없는 것만 못하다. 동기가 서로 화목하려면 부모의 역할이 중요하다. 부모가 어떤 자식을 절대 편애해서는 안 된다. 그리고 너무 많은 유산을 남기는 것도 좋지 않다. 요즈음은 자녀를 많이 나아보았자 두 명 내외이므로 형제자매간이 그렇게 복잡하지 않다. 그러나 두 명의 동기라 할지라도 반드시 그들이 화목하리란 보장은 없다. 그러므로 부모가 자녀들이 화목하도록 배려하고 본인들도 노력해야 한다. 형제나 자매가 단 두 명인 경우, 이들은 세상에서 그 누구보다도 더 서로를 필요로 한다.

30대의 행복설계 6
정신건강을 확인하자

　30대란 인생의 황금기이다. 정신적으로나 신체적으로 에너지가 제일 왕성하기 때문이다. 물론 20대도 절정기라고 볼 수 있다. 하지만 20대 초반은 자아정체를 하기 위한 단계이고 아직 직장과 가정을 갖지 못한 상황이다. 따라서 20대는 목표를 설정하고 정한 목표를 시작하는 시기이다. 20대는 아직 목표가 확고하게 설정되어 있지 않기 때문에 또는 아직 시작단계이므로 자신의 최선을 다할 상황이 아니다. 그러나 30대는 인생의 방향이 어느 정도 결정된 시기다. 직장도 정해지고 결혼도 했기 때문이다.

　이렇게 30대는 자신의 행로를 결정하고 그에 따라 자기의 온 정력을 쏟아 성공의 주춧돌을 차근차근 쌓아가는 시기이다. 그러나 30대에 맥이 풀리고 생의 의욕을 갖지 못한 사람이 의외로 많다. 직장도 괜찮은 곳을 얻었고 또 사랑하는 배우자와도 결혼을 했다.

그리고 아기도 낳았다. 당연히 매일 매일이 즐겁고 직장에 출근하는 발길이 가벼워야하는데 그렇지가 못하다. 이런 사람은 자신의 정신적 건강에 문제가 있는 사람이다.

또 자기 딴에는 활발하고 사교적이라고 생각하지만 늘 승진에 누락되는 사람이 있다. 그리고 직장에서 왕따 당하는 사람이 있다. 이런 사람은 성격에 문제가 있는 사람이다. 이런 사람은 자신의 성격을 바꾸는 노력을 시도해야한다.

한국 사람은 신체적 건강에 신경을 많이 쓴다. 몸에 좋다면 무엇이든지 먹는다. 보양식이 많고 이를 다루는 곳이 많기로 아마 한국이 세계에서 제일 최고일 것이다. 그러나 반면 한국인은 정신적 건강에 대해서는 무지하다. 정신과 신체는 병행한다. 정신이 건강해야 신체가 건강하다. 한국 사람이 정신병에 무식하기 때문에 각종 불행한 사건이 발생한다. 대구 지하철 방화범, 유치원 식당에 침입하여 다수의 유치원생을 상해한 자, 여의도 공원에서 눈감고 아무나 치어죽으라고 차를 몬 사람들은 모두 정신분열증 환자다.

정신분열증은 20대 초반에 많이 발생한다. 그리고 모든 병이 다 그렇지만 정신분열증 또한 초기 즉 20대에 치료를 받으면 치유될 확률일 높다. 그러나 초기에 치료받지 않으면 정신병은 그의 인생을 엉망진창으로 만들어 버린다. 따라서 늦어도 30대에 모든 정신병이 치료되지 않으면 그는 더 이상 인간으로서의 기능을 할 수 없게 된다. 자신의 육체적 건강에 신경을 쓰는 만큼 자신의 정신적 건강에도 깊은 관심을 가져야 한다.

10대나 20대에 가벼운 우울증, 불안을 가졌던 사람이 적응하기 어려운 군대생활, 직장생활을 거치면서 병이 더 깊어진다. 그래서 30대에 갑자기 이상한 행동을 하고 직장에서 말썽을 부리게 된다. 평소 얌전하던 사람이 직장회식에서 술을 먹고 상사에게 욕을 하고 행패를 부리는 사람이 있다. 취중에 한 일이라 가볍게 넘어 갈 것 같지만 이 사건은 회사간부에게 널리 알려지고 말썽을 부린 당사자는 회사에서 문제가 있는 사원으로 낙인찍힌다. 그러면 그의 회사에서의 앞날은 명약관화하다.

정신과적 문제가 있는 사람이 어떤 특징을 보이는가를 우리가 평소 잘 알아두어야 한다. 그래야만 자신은 물론 주위 사람의 정신건강도 파악할 수 있다. 저자가 경험한 한두 가지 예를 들어보고자 한다. 저자는 대학원 시절에 다른 과의 조교를 하던 어떤 선배와 친했다. 그는 조용한 성품에 후배들과 잘 어울렸다. 그 선배를 알게 된지 몇 년이 지난 어느 해 나는 친구들과 부산에 놀러갔다가 그를 우연히 광복동 거리에서 만나게 되었다. 우리는 너무 반가워 다방에 들어가 이런저런 이야기를 나누었다. 그런데 가만히 선배를 쳐다보니 행색은 초췌하고 눈은 피곤해 핏발이 섰다. 평소와는 달리 입고 있는 옷도 깔끔하지 않고 이상하게 고무신을 신고 있었다. 그런데 그와 이야기를 나누다보니 약간 이상한 느낌이 들었다. 그는 모 교수에 대한 험담을 잔뜩 늘어놓았다. 그 교수는 연구비 지출에 관해 평소 좋은 평을 받지 않은 사람이어서 어느 정도 선배의 말에 수긍을 했다. 그러나 이야기가 너무 길어지면서 내용이 너무 황당한 험담으로 흘러갔다. 나는 반신반의했지만 열심히 말하는 선배이야기를 계속 듣는 수밖에 없었다.

　그리고 몇 달 후 저자는 서울에서 그 선배가 정신이상에 걸렸다는 소문을 들었다. 선배가 정신이상이란 것을 알게 된 내막도 아주 드라마틱하다. 당시 선배의 지도교수의 부인, 즉 사모님은 종로에서 의료기판매점을 하고 있었는데 어느 날 갑자기 그 선배가 사모님 가게에 나타나서 다급한 목소리로 빨리 문을 걸고 셔터도 내려달라고 요청했다. 사모님은 남편이 아끼는 제자인데다 집에도 자주 놀러왔었던 터라 선배가 하라는 대로 허둥지둥 문을 닫고 셔터도 굳게 내렸다. 그리고 도대체 무슨 일이냐고 물었더니 그는 자기가 지금 중앙정보부원에게 쫓기는 몸이라고 털어놓았다. 사모님은 평소 선배가 학생운동을 하고 있나는 사실은 몰랐지만 선배를 좋게 보고 있었기 때문에 그의 말을 의심하지 않았다. 사모님과 선배는 대낮에 모든 창문을 모두 닫고 오돌 오돌 떨면서 가게 안에 몇 시간이나 갇혀 있었다. 그 후에도 이런 일이 자주 반복되자 선배의 지도교수는 제자가 이상하다는 생각을 하고 주의 깊게 관찰한 결과 그가 정신분열증 특히 피해망상증을 앓고 있다는 사실을 알게 되었다. 그래서 제자를 정신병원에 입원시켰다.

　두 번째 예를 들어보자. 저자는 2년 전부터 무악동 평화의 집에서 저소득층을 위한 상담을 해 오고 있다. 그런데 의외로 정신분열증 환자가 많이 찾아온다. 그들의 나이도 대개 50대 이상이라 병이 워낙 깊어 저자가 다룰 환자들이 아니다. 50세의 여자가 찾아왔다. 대학원 휴학 중인 엘리트다. 아버지는 사망했지만 제약회사 사장까지 지냈다. 어머니는 80세로 그녀와 동거하고 있다. 대학졸업 후 은행에 3년간 재직하다 중매결혼을 했는데 20일 만에 헤어졌다. 이유는 성격차라고 말하지만 저자가 생각하기에는 이때 이미 내담자가 정신분열증을 앓았기 때문인 것 같다. 내담자에게 어떤 고민이 있어서 왔는가하고 물었더니 자기 친구들이 자기 이야기를 많이 해 괴롭다고 한다. 그리고 계속 그녀는 자신의 고민과 신체적 증상을 이야기하는데 자기 친구들이 오늘 상담 받는 것을 이미 알고 있다고 말한다. 그래 저자는 당신이 친구에게 이야기 했는가하고 물었더니 그렇지 않다고 한다. 그래서 저자는 당신은 관계망상이고 정신분열증이라고 말하니 그녀는 이를 극구 부인한다. 그리고 내담자는 한 술 더 떠 내가 자기를 만나기 전에 정보를 어디서 듣고 왔을 것이라고 말한다. 나는 당신 병이 아주 깊고 지금 당장 정신과 치료를 그것도 약물치료를 받아야한다고 말했다. 그러나 그녀는 이를 거부하고 자꾸 자기이야기를 들어보라고 주장한다. 그말을 들어보니 횡설수설이다. 더 이상 상담이 불가능해 상담을 중단했다. 그녀를 돕는 방법은 가족에게 이 사실을 알려야하는데 가족이 아무도 없다. 이복동생 둘이 있으나 서로 접촉이 없고 어머니가 있으나 나이가 너무 많아 이야기를 해도 이해하지 못할 것 같아 그냥 돌려보낼 수밖에 없었다. 이 여자가 정신분열증에 걸린 이유는 부모간의 불화 때문이다. 아버지가 13살 연하인 사람과 결혼하고 부인을 수시로 구타했다고 한다. 그리고 아버지가 바람을 피워 이복동생을 둘이나 데리고 들어왔다.

비단 정신분열증환자만 정신과 치료를 받는 것은 아니다. 정상적인 사람이라도 우울증, 스트레스, 인간관계문제가 생기는데 이때 혼자 끙끙 앓기보다 심리학자나 정신과의사를 만나보면 많은 도움을 받는다. 정신병은 스트레스로부터 시작된다. 작은 스트레스를 그 때 그 때 해결하면 정신병에 걸리지 않는다. 그러나 이를 해소하지 않고 그대로 방치하면 그리고 계속 스트레스를 쌓아두면 위의 두 사례와 같이 정신분열증이란 아주 심각한 병에 걸린다. 정신병에 걸리면 그 사람의 인생은 파탄 난다. 우선 직장에서 쫓겨나고 가족으로부터 버림을 받는다. 그러므로 우리는 정신병을 아주 심각한 병으로 간주해야 한다.

우리나라에서는 정신병에 대한 잘못된 고정관념을 갖고 있다. 정신병은 고칠 수 없고 유전된다는 생각이다. 그러나 정신병은 초기에 발견하고 열심히 약을 먹고 상담을 받으면 확실히 치유가 된다. 정신과에 다녔다고 해서 그 사람을 이미 끝장이 난 사람으로 취급해서는 안 된다. 미국에서는 감기가 걸리면 가벼운 마음으로

병원이나 약국에 가 치료를 받는다. 정신과적 문제가 있을 때도 마찬가지다. 자신이 불안하고 초조하고, 정신집중이 잘 안되며, 밤을 설치면 가벼운 마음으로 심리학자나 정신과 의사를 찾는다.

그러나 한국에서는 어떤가? 자식이 정신과적 문제로 정신과에 갔으면 좋겠다고 말하면 부모들이 먼저 펄쩍 뛴다. 자식이 정신과에 다녔다는 사실을 남이 알까봐 두렵기 때문이다. 그래서 자식의 병을 방치한다. 자식의 병이 깊어지고 자식이 난동을 부리면 그때서야 병원에 입원시킨다. 정신병에 대한 한국인의 무지는 빨리 불식되어야 한다. 그리고 우리 각자도 자신의 정신과적 문제를 항상 체크해야한다. 평소에 심리학 책, 정신병에 관한 책을 읽어 정신병에 대한 상식을 많이 가져야 한다.

정신과적인 문제가 있는 사람이 행복할 수는 없다. 그 이유는 정신적으로 건강한가 아닌가의 여부가 바로 행복의 바로미터가 되기 때문이다.

후회 없는 결단을 내리자

어느 유명한 작가의 묘비에 아주 괴상한 문구가 새겨져 있다고 한다. 저자는 기억력이 나빠서 누구의 묘비명인지 기억이 나지 않는다. 생존시 그 작가가 자기 묘비에 다음과 같은 글을 새겨달라고 했다고 한다. "지금도 우물쭈물하고 있지! 너는 항상 주저주저하다 인생을 망쳤다." 나는 이 묘비내용을 읽고 너무 큰 감명을 받았다. 왜냐하면 나 자신도 주저주저하다 결단을 내리지 못하고 지금까지 후회하는 일들이 적지 않기 때문이다.

결단은 10대도 그리고 20대도 할 수 있다. 그러나 이들이 내리는 결단은 흔히 그렇게 중요한 결단이 아닐 수 있다. 또 10대, 20대가 내리는 결단이 중요한 것이라면 이것은 실상 10대나 20대가 혼자 결정할 수 있는 문제가 아닐 것이다. 예컨대 진로선택, 직장 선택, 그리고 배우자 선택은 모두 10대 그리고 20대가 결단해야할 중요한 문제이다. 그리고 이런 선택시에는 반드시 본인 자신의 적성을 고려하고 본인의 의사가 충분히 반영되어야 한다. 그러나 그 결정에 있어서는 그 문제에 정통한 사람 예컨대 부모, 선배, 선생님, 기타 멘토의 조언과 충고를 고려해야 한다.

그런데 30대가 되면 이제는 본인 스스로 결단을 내려야할 중요한 문제가 많다. 이때 사람들은 흔히 주춤하고 주저하고 그래서 호기를 놓치는 경우가 많다. 만일 결단을 내려야할 문제가 아주 중요하고 그래서 결단을 내리지 않으면 두고두고 후회할 문제라면 결단을 내려야 한다. 이런 결단이 꼭 30대에게만 부닥치는 것이 아니다. 40대, 50대 그리고 노년기에도 부닥친다. 그러나 나는 결단은 30대에서만 하라고 충고하고 싶다. 왜냐하면 흔히 결단은 실패할 확률이 큰 문제인데 30대가 지나 마음이 약해진 상태에서 결단을 내리고 거기서 실패를 경험하면 그 후유증이 크기 때문이다. 30대는 몸과 마음이 가장 강인한 때이므로 결단에 따른 실패가 발생하더라도 이를 충분히 감내할 수 있다. 그리고 오히려 실패가 그를 더 강인한 사람으로 만드는 계기가 될 수 있다.

이제 구체적으로 우리가 어떤 결단을 30대에 내릴 수 있는가를 생각해보자. 30대중에서 제일 많이 갖는 갈등은 직장과 관련된 것이다. 자기가 괜찮다고 생각해서 그리고 주위에서도 권고해서 좋은 직장에 취직했다. 그러나 얼마간 다니고 나니 이 직장은 자기가 이상으로 그리던 곳이 아니다. 또는 갑자기 자기의 진로를 다른 곳으로 바꾸고 싶은 욕망이 싹튼다. 예컨대 공부를 더 해서 학문의 길을 걷고 싶은 사람이 있다. 그래서 직장에 사표를 내고 외국에 유학을 하고 싶은데 그러려면 많은 것을 희생해야 한다. 안락한 봉급 생활, 정해진 출세를 포기해야 한다. 더불어 경제적인 궁핍이 뒤따를 것이고 아내와 아기도 방해가 된다. 그래서 마음이 약한 사람은 흔히 결단을 내리지 못한다.

내가 1970년대 하와이에 유학 가서 보니 서울에서 굉장히 좋은 직장을 가진 사람들이 과감하게 사표를 쓰고 온 것을 알고 깜짝 놀랐다. 나는 연구소라는 직장을 다녔고 그래서 어떻게 보면 나의 유학은 내가 택한 코스의 연장인 셈이다. 그러나 신문사, 은행, 고급 공무원직을 하루아침에 헌신짝처럼 내던지고 유학 온 사람들을 보니 그들이 우러러보일 뿐이다. 이들은 식업을 180도로 바꾸이 새로운 인생을 개척한 사람들이다. 이들은 거의가 다 성공했다. 즉 대학에서 박사학위를 따고 귀국해 대학이나 연구소에 근무하여 자기가 원래 택했던 직업에서보다 더 오래 일하고 더 만족해했다. 결국 그들은 결단을 잘 내린 것이다. 일단 결단을 내리면 우리는 비싼 대가를 지불했기 때문에 결단을 성공으로 이끌기 위해 매진한다. 그래서 결단은 실패로 끝날 수도 있지만 반면 성공할 가능성도 높다.

결단이 꼭 진로와 관련된 것만은 아니다. 만일 독신주의자가 아닌데도 불구하고 30대까지도 아직 결혼을 못했다면 사랑을 고백하는 것도 하나의 결단에 속한다. 남녀불문하고 30대 후반까지 결혼하지 못한 사람은 흔히 까다롭고 우유부단하기 때문이다. 배우자 자질에 대한 조건이 까다롭기도 하지만 자기가 마음에 두는 상대방이 있어도 사랑을 고백할 용기가 없기 때문에 혼기를 놓치는 것이다. 딱지를 맞으면 어떻게 하나하는 불안 때문에 노처녀들은 혼기를 상실하는 기회가 노총각보다 훨씬 많다. 이렇게 우유부단하고 주저주저하다 좋은 혼처를 놓치고 평생 후회하는 사람이 많다. 용감하고 결단을 내리는 사람만이 좋은 배우자를 낚아챈다.

결단의 문제는 이혼과도 관련이 있다. 현재의 배우자와 절대로 백년해로 할 수 없다고 생각한다면 30대에는 정말 결단을 내려야 한다. 그들이 아이를 낳기 전에 이혼을 했더라면 더 좋았을 것이지만 혹시 아이들이 생겼다하더라도 정말 두 사람이 성격상 도저히 살수 없을 것 같으면 30대에 결판을 내야한다. 이 책의 어디에선가 언급했지만 이은석의 어머니는 그의 남편과 신혼 이후 가치관, 성격 차 때문에 부부가 크게 불화했다. 그러나 어머니는 자식들 때문에 결단을 내리지 못했다. 오히려 이혼을 했었더라면 본인 자신도 행복했을 것이고 이은석도 부모를 토막살해하는 비극을 연출하지 않았을 것이다.

이렇게 결단이란 비극을 막는 행동도 포함한다. 그러나 결단은 우리의 보다 더 긍정적인 목표, 이상, 삶을 지향하는 것과 관련이 있다. 그리고 이 결단은 여러 가지 심리학적인 동기가 밑바탕에 깔려있다. 즉 도전하려는 욕구, 성취하려는 욕구가 바로 그것이다. 인간에게 있어서 성공하는데 가장 중요한 능력이 지능이 아니다. 물론 어느 정도의 지능은 필요하다. 그러나 지능이 높다고 해서 반드시 성공하는 것은 아니다. 일본의 마쓰시타가 그랬고 한국의 정주영 회장이 그렇다. 중요한 것은 성취하려는 욕구이다.

25년간 수많은 제자를 길러보고 느낀 결론은 제자에게 있어 중요한 것은 성취욕구라는 것이다. 연세대 심리학과에 입학하고 대학원에서 학위를 받은 사람은 굉장히 우수한 학생이다. 그러나 다 똑같이 공부를 잘 하고 논문을 잘 써서 학위를 받고 나서도 학생의 성취욕구에 따라 그들의 길과 학문적 업적이 크게 달라진다. 성취동기가 높은 제자는 학위를 받은 후 혼자서 이리 뛰고 저리 뛰어 직장도 잘 얻고 또 연구도 꾸준히 한다. 그런가하면 어떤 제자는 그냥 집에 틀어박혀 있다. 물론 아이를 키우고 남편을 뒷바라지하느라 바쁜 것은 이해한다. 그러나 성취동기가 높은 제자 즉 악바리 같은 제자도 똑같이 어린애를 키우고 남편을 보살핀다. 그렇다면 이 두 종류의 제자간의 차이는 무엇인가? 그것은 바로 성취동기다.

도전정신도 우리의 성공을 좌우하는 중요한 심리적 동기이다. 나는 최근 국내외에서 절찬을 받고 있는 영화 '킹콩'을 관람했다. 주지하는 바와 같이 '킹콩'은 전에도 여러 번 제작된 낡은 주제를 다룬 영화이다. 그런데 새 버전은 어떻게 만들었기에 그렇게 호평을 받는가하고 세밀히 살펴보았다. 영화는 1920년대 미국이 대공황을 맞이하여 온 국민이 입에 풀칠하느라고 정신이 없는 상황부터 시작한다. 모두가 생활이 어렵다보니 서로 속이고 사기 치는 난장판이 벌어진다. 이 때 한 영화감독이 미지의 섬 즉 '해골섬'을 찾아 나선다. 해골 섬이 있다는 조난자의 한마디 말에 의지하고 영화감독은 해골 섬을 찾아 정처 없는 항해를 나서는 것이다.

이것이 바로 도전정신이다. 있을지 없을지 모르는 해골섬! 그러나 만일 그 섬을 발견하여 그곳의 삶을 영화로 찍는다면 전 세계인이 5센트를 내고 그 미지의 세계를 방문할 수 있다는 신념하에 시나리오 작가, 배우, 연출자를 속이고 영화감독이 미지의 세계로 정처 없는 항해를 나서는 것이다. 이 영화가 오래된 주제이면서도 21세기의 관객에게도 감명을 주는 이유는 무엇 때문인가? 바로 도전정신을 주제로 했기 때문이다.

도전정신은 미국과 일본의 국력을 키우는 데 큰 역할을 했다. 미국을 발견한 콜럼버스와 그 일행은 바로 도전정신의 본보기이다. 동부에 정착한 초기미국인들은 그곳에 안주하지 않고 더 넓은 미지의 세계 즉 서부로 대이동을 한다. 그래서 오늘날과 같은 광대한 대륙을 미국의 영토로 영입할 수 있었다. 미국이 우주를 탐험하는 것도 미국인의 강한 도전정신을 반영하는 것이다. 미국의 우주선 이름을 '챌런지'(challenge, 도전)호로 명명한 것도 이런 맥락에서 한 것이다.

일본의 신화, 동화도 도전정신, 탐험가 정신을 고무한 것이 많다. 모모타로상은 조그마한 아기로서 일엽편주를 타고 넓은 바다로 나가고 그래서 많은 적들과 싸워 이긴다는 내용이 그 근간을 이루고 있다. 그래서 섬나라 사람들이지만 일본인은 대륙에로의 진출을 끊임없이 모색했다. 그런 도전정신이 임진왜란, 청일전쟁, 한일 합방과 같은 사건을 일으켜 우리에게 끊임없는 고난을 가져다 주었지만 일본사람 입장으로 보아서는 이 사건들을 도전정신의 발로라고 볼 수 있다.

한국인도 도전정신을 가진 사람이 없는 것은 아니다. 혜초스님이 있었고 장보고가 있었다. 그러나 우리나라의 교과서에서는 이런 도전정신을 가르치고 있지 않다. 매스컴도 마찬가지다. 우리나라

사극을 보면 안에서 지지고 볶고 남을 중상모략하는 궁중정치가 태반이다. 일엽편주를 타고 오대양을 섭렵하는 항해사, 미지의 세계를 찾아 헤매는 탐험가 등을 주제로 한 다큐멘터리나 드라마가 드물다. 그래서 젊은이들도 좁은 한국 내에서 고등고시, 행정고시에 합격하여 출세하려고 정신이 없다.

좀더 시야를 넓혀 세계무대에서 활동하려는 야심가가 부족하다. 한국인은 머리가 명석한 민족이다. 체육선수를 보아도 그렇고, 예술가를 보아도 그렇다. 한민족의 피를 가진 세계적 축구선수, 골프선수, 피아니스트, 바이얼린니스트, 성악가가 즐비하다. 조그만 나라에서 이렇게 그런 인물들이 배출되는지 신기할 따름이다. 그러나 이들 못지않게 훌륭한 능력을 가진 사람이 도전정신, 성취동기가 부족해 자기능력을과시하지 못하고 있다. 안타깝기 짝이 없다.

30대란 우리가 한번 큰 결단을 내려봐야 할 시점이다. 그리고 이런 결단은 성취동기, 그리고 도전감을 밑바탕으로 한 자기의 꿈

에 관한 것이어야 한다. 물론 성공률이 0%인 것에 도전을 하는 것은 무모하다. 30대라면 어느 정도 자기의 결단이 어느 정도 성공 가능성이 있는가를 가늠할 수 있는 혜안을 갖춘다. 성공률이 어느 정도인 것에 도전장을 던져야 하는가? 이것을 일률적으로 말할 수 없다. 자기가 이에 얼마나 매진할 수 있는가 하는 그 투지에 달려 있다. 만일 자기가 칠전팔기의 강인한 도전정신을 갖고 있다면 성공 확률이 30% 정도인 과제라도 도전해 보라고 조언하고 싶다. 그러나 일반적으로 성취동기가 높은 사람이라 할지라도 성공률이 4 대 6인 것이어야 도전한다. 즉 실패할 확률이 6이고 성공할 확률이 4인 정도라면 성취동기가 높은 사람은 기꺼이 도전한다. 성공 확률이 3인 경우는 피한다. 그러나 앞에서 말한 바와 같이 개인의 도전 정신이 얼마나 강한가에 따라 다소 낮은 성공 확률에도 도전해 볼 수 있다.

결론적으로 여러분도 어느 유명한 작가가 남긴 유언처럼 우물 쭈물하고 그래서 평생 후회할 짓은 안하는 것이 좋다. 후회할 일이 적으면 적을수록 우리의 인생은 그만큼 값어치있고 행복하기 때문 이다.

제 **5** 장

장년기의 행복설계

장년기의 행복설계

들어가는 말

　장년기라 함은 40~50대를 말한다. 장년기는 인생에서 가장 생산적이고 황금기이다. 사회경제적으로 개인이 가장 정점에 올라가 있는 시기다. 직장에서 중견간부 및 고위층이 되어 있고 따라서 수입이 절정에 달한 시기다. 주부들은 집에서 하는 일이 줄어드는데 자녀들이 다 컸기 때문이다. 따라서 주부는 자기 일과 봉사활동에 시간을 할애할 수 있다. 장년기들이 갖는 사회경제적 지위로 볼 때 이 연령이 우리 사회를 이끌어 가는 집단이다.

　에릭슨은 장년기를 가정, 사회, 후세에 대한 지도와 배려의 책임감을 갖는 시기라고 말했다. 10대의 자녀가 성인이 되는 것을 도와주고, 도움이 필요한 다른 10대를 돌봐주고, 더 나아가 우리 사회를 걱정한다. 그리고 이런 역할을 통해 자신이 사회에 공헌하고 있다는 자부심을 느끼게 된다. 지금까지 자기의 인생이 성공적이었다고 느끼는 사람들이 이런 자부심과 만족감을 갖는다.

한편 이 시기에 불안감을 가질 수 있는데 자신이 젊었을 때 계획에 놓은 목표를 아직 성취하지 못했다고 보거나 자신이 하는 일이 중요하지 않다고 느낄 때 불안하고 초조해진다.

50대에 진입함에 따라 우리는 자신의 생애기간에 대해 과거와는 달리 생각하게 된다. 젊었을 때는 자신의 생애가 무한한 것으로 착각하지만 50대부터는 처음으로 자기가 앞으로 생존할 수 있는 시간을 염두에 두게 된다. 자기 부모가 늙어가는 것을 보거나 죽는 것을 보고 자신의 죽음도 회피할 수 없다는 생각을 하게 된다.

이 시기에 많은 사람들이 우선순위에 따라 자기의 인생설계를 재 조정한다. 즉 남은 인생에서 어떤 일을 하는 것이 보람된 것인가를 결정한다. 이 시기에 분갈이(repotting)하는 사람도 생긴다. 지금까지 사업을 위해 전 생애를 바쳐 성공한 사람이 그것을 팽개치고 소설가가 되기 위해 낙향하기도 한다. 이런 사람을 가르켜 분갈이를 한 사람이라고 말하는데 그가 직업을 바꾸었기 때문이다. 전업주부가 중도에 그만 둔 학업을 위해 대학으로 돌아오는 경우도 있다.

프로이드는 아동발달에 있어서 부모가 아주 중요하다고 말했다. 그러나 프로이드는 아버지보다는 어머니의 역할을 강조했고 그것도 아동이 5세 때까지로 한정했다. 에릭슨도 프로이드와 똑같이 생각했다. 그러나 그는 프로이드보다 한 걸음 더 나아가 장년기에서 부모의 역할 특히 아버지의 역할이 필요하다고 말했다. 이 점에서 에릭슨은 프로이드보다는 부모의 역할을 더 강조했고 부모역할의 폭도 더 넓혔다.

에릭슨은 아버지가 장년기가 되면 자식, 후배, 후세대에 대한 관심을 가져야 한다고 말했다. 즉 사회적 중추역할을 하는 장년기는 후세대를 잘 가르치고 교육해야 할 책임이 있다고 말했다. 자녀가 어릴 때는 어머니의 애정만으로 충분하다. 그러나 자녀가 사춘기, 그리고 대학생이 되면 어머니의 애정만으로는 불충분하다. 그리고 어머니의 애정도 많을수록 좋지만 애정에는 반드시 통제와 규율이 수반되어야 한다.

얼마 전 모 TV방송국에서 버릇없는 자녀가 어떻게 달라져 가는지를 시리즈로 방영한 바 있다. 어느 초등생 형제가 등장한다. 연년생인 이 형제는 떼를 쓰고 부모 말을 전혀 듣지 않는다. 자기가 하고 싶은 대로 행동하며 이를 못하게 하면 울고 아우성친다. 부모는 어쩔 줄 몰라 한다. 자녀가 이렇게 된 것은 부모가 애정만 베풀고 훈육을 시키지 않았기 때문이다. 즉 자녀가 자기가 싫어하는 음식을 거부하거나, 식사 시간 때 게임이나 TV시청을 고집할 때 따끔하게 야단을 치거나 벌을 주어야 한다. 하지만 체벌은 좋지가 않다. 자녀에게 페널티를 주는 것이 좋다. 예컨대 방에 가두어 두거나 좋아하는 게임을 하지 못하게 하는 것이다.

이 시리즈물에서는 두 형제를 얼마간 해병대 교육장에 보낸다. 이 형제는 무서운 교관 밑에서 고된 훈련을 받는다. 그래서 훈련받는 동안 자신들이 집에서 얼마나 못되먹은 애였는가를 반성한다. 훈련이 끝난 날 부모를 만나면서 아이들은 그간의 후회와 부모에 대한 감사로 눈물을 펑펑 쏟는다. 그래서 이 시리즈는 해피엔딩인 줄 알았다. 그러나 그 다음 주에 보니 자녀가 집에 돌아 온지 얼마 안 돼 다시 원점으로 돌아갔다. 낙망한 부모가 TV 제작자와 상의해 해병대 교관을 집에 모셔온다. 형제는 무서운 교관을 보고 대경실색하고 잘못했다고 손이 발이 되도록 빈다. 나는 여기까지만 보앉다. 그 후 형제들이 어떻게 달라졌는지는 모른다.

우리나라의 전통적 자녀양육법은 엄부자모였다. 아버지는 엄해야 하고 어머니는 자애로워야 한다는 것이다. 이 양육법은 앞에 말한바 자녀에게 애정을 베풀되 잘못하면 따끔하게 야단치는 애정과 훈육이 있어야 한다는 심리학적 양육법과 일맥상통한다. 그러나 세상이 바쁘다보니 최근 한국의 아버지는 항상 집 밖의 일에 바쁘고 자녀교육과 훈육은 어머니 차지다. 어머니가 위의 예에서 보는 바와 같이 사랑만 하고 처벌은 하지 않는 경우가 많다. 또 요즘 일부 몰지각한 어머니 사이에서는 '자녀 기 살리기 양육'을 적극 추진하는 사람이 있다. 이 양육은 자녀기 기를 죽지 않아야 자신감이 생기고 큰 인물이 된다는 취지를 토대로 하는 것이다. 이 양육방법이 전혀 근거가 없는 것은 아니다. 부모가 자녀에게 너무 잔소리하고 윽박 지르면 자녀가 주눅이 들고 자신감이 상실된다. 그러나 '기 살리기 양육'도 훈육과 처벌이 병행되어야 그 효과가 있다. 자녀가 하자는 대로 방관하거나 모른척하면 앞의 TV시리즈에 나오는 아주 버릇 나쁜 아이로 키우게 된다.

정리한다면 어머니가 자녀를 잘 키우려면 사랑과 처벌을 병행해야 한다. 사랑이란 정말 자식을 마음 깊이 사랑하는 것이다. 심리적 문제가 없는 한 대부분의 어머니는 자식을 사랑하기 마련이다. 그러나 처벌은 제대로 하는 사람이 없다. 아동이 말을 안 들으면 그에게 페널티를 꼭 주어야 한다. 아동에게 어떤 페널티를 주는가 하는 것은 위에서 예를 들었다. 사춘기나 좀더 성장한 자식에게는 용돈을 줄이거나 외출을 금하게 하는 방법이 있다.

자녀가 10대가 된 후부터는 자녀교육에 아버지가 적극 동참해야한다. 그동안 아내가 자녀를 잘 키웠더라도 아버지가 할 역할이 있다. 아버지가 할 역할은 무엇인가? 자녀의 가치관, 인생관, 철학을 심어주는 것이다. 자녀가 올바른 자아정체를 하도록 멘토의 역할을 하는 것이다. 그러려면 아버지는 세상 돌아가는 것, 앞으로의 사회발전 등에 대해서 공부를 게을리 해서는 안 된다.

청소년에게 있어서 아버지는 위대한 존재다. 세상에서 아버지가 제일 훌륭하고 강력해 보인다. 그는 전지전능하기도 하다. 그러나 어느 순간에 아버지가 자기가 생각하던 그런 존재가 아니라는 것을 깨닫게 된다. 그러면 자식은 크게 실망하고 무력감을 느끼게 된다. 나도 고등학교 때까지만 해도 아버지가 위대하다고 생각했다. 그러나 내가 대학의 과를 나 나름대로 선정하고 의견을 말했을 때 아버지가 이를 반대한 것을 보고 실망감을 갖지 않을 수 없었다. 따라서 아버지가 자식에게 제대로 멘토의 역할을 할 수 있으려면 끊임없이 연구하고 공부해야 한다.

자식에게 가르쳐줄 삶의 태도, 도덕과 생활방식은 아버지가 꼭 말로 할 필요는 없다. 아버지 스스로 모범이 되는 행동을 하면 된다. 나는 나의 딸이 시집을 가서도 검소하게 살림꾼 노릇을 하는 것을 보고 대견하게 생각한다. 물론 제 어미가 가정주부로서 검소하게 살았고 살림을 알뜰하게 한 탓도 있다. 그러나 나의 생활태도도 딸의 인생관, 가치관에 많은 영향을 주었으리라고 생각한다. 나는 특히 딸이 음악, 미술, 그리고 글 쓰는데 취미와 솜씨가 있는 것을 자랑스럽게 생각한다. 그리고 이것은 어느 정도 애비의 역할이 컸다고 생각한다. 그렇다고 내가 무슨 예술을 딸에게 가르쳤다는 것은 아니다. 평소 음악을 즐겨듣고 글을 많이 쓴 탓이다. 그리고 평소 검소하게 산 덕분이다.

자식에게 용돈을 많이 주고 좋은 옷 즉 명품을 사주는 것은 좋은 자녀양육방법이 아니다. 미국 재벌의 자식들은 아주 검소하다. 그들은 청바지에 햄버거를 즐긴다. 그리고 용돈도 그리 풍족하게 쓰지 않는다. 재벌부모가 쓴 유서를 보며 자녀가 성인이 될 때까지는 절대로 유산을 쓰지 못하게 못 박는다. 왜 이렇게 돈이 많음에도 불구하고 자녀에게 인색한가? 자녀가 돈을 귀중하게 여기고 독립심을 갖게 만들기 위헤서다.

한국에서는 요즘 부모들이 자녀를 너무 과잉보호하고 너무 많은 유산을 미리 상속하는 경향이 있다. 자녀가 결혼할 때 집을 사주거나 또는 전세 돈을 마련해 준다. 집값이 워낙 비싸므로 자녀가 평생 사글셋방을 전전할까봐 부모가 자녀를 도와주는 것은 이해가 간다. 그러나 이런 과잉보호는 자녀를 자칫하면 무능력한 사람으로 만든다. 직장일이 어렵다고 생각하는 순간 퇴직하고 부모에게 손을 벌리는 의존적인 자식이 될 가능성이 많다.

아버지가 평소에는 자녀와 말이 없다가 자녀가 잘못하면 소리 소리 지르고 체벌하는 경우가 많다. 아무리 바쁘더라도 자녀와 같이 등산하거나 술집, 또는 한적한 곳에서 그동안 밀린 이야기를 하는 것이 좋다. 나는 아들이 대학 다닐 때, 또 군복무할 때 가끔 같이 등산을 했다. 등산하면서 내가 살아오면서 느낀 것, 경험한 것, 그리고 앞으로의 계획을 말했다. 아들로 하여금 학교생활, 군대생활에 대해 이야기하게 한 것은 물론이다. 그리고 어떻게 대학생활을 보내야 하는지, 그리고 아들로부터 요즘 젊은이들의 생활태도에 대한 정보를 얻었다.

우리나라에서 사위나 며느리감을 물색할 때 늘 강조하는 것이 상대방의 가문이다. 이것은 사돈집의 경제사정을 따지는 것이 아니다. 사돈댁이 뼈대가 있는 집안인가를 알아보는 것이다. 뼈대가 있는 집안이 꼭 양반임을 상징하지는 않는다. 집안의 법도가 있고 부모가 자녀의 모범이 된 가정을 말한다. 사위나 며느리감이 어떤 사람인가를 알려면 그의 부모의 행동을 보면 어느 정도 짐작이 간다. 자식은 부모를 닮기 마련이기 때문이다.

정리한다면 자녀가 10대로 들어서 청년기가 될 때까지 아버지가 자녀의 훈육에 관여해야한다. 대학생이 되어도 고삐를 늦추어서는 안 된다. 대부분의 부모가 자녀가 고등학생일 때까지는 자식의 일거수일투족을 감시하다가 대학생이 되면 그만 손을 놓아버린다. 그러나 지각 있는 부모일수록 자녀가 대학생이 되어도 야단을 치고 페널티를 준다. 공부를 게을리 하지 않도록 그리고 대학생활을 허비하지 않도록 자녀에게 충고와 조언을 해 주어야 한다. 자녀가 다 큰 성인이 되어서도 부모를 정말로 존경하고 따른다면 그처럼 행복한 부모는 없을 것이다. 부모는 재정적 후원자가 되기보다는 정신적 멘토가 되어야한다. 그런 부모가 정말로 자식에게 도움이 되는 평생부모이다.

장년기의 행복설계 2
주부갱년기 극복하기

여자는 월경이 끝나는 시기에 여러 가지 신체적 심리적 변화가 생긴다. 신체적 변화는 홀몬의 변화로 오는 것이다. 심리적 변화란 여자로서의 중요한 능력인 생식력이 상실됨으로서 오는 여러 가지 심리적 상실감과 자신의 역할에 대한 회의이다.

주부가 40~50대가 되면 이제 자녀가 다 성장하여 주부의 임무가 어느 정도 마무리된다. 그동안 끝없는 주부임무에서 어느 정도 해방되어 시간적으로 여유가 생기지만 자녀가 다 성장하여 자기 곁을 떠나면 공허감과 함께 우울증이 생긴다.

여자가 갱년기에 대부분 우울증을 겪는데 그 중요한 원인은 갑자기 자기의 인생이 허무하게 느껴지기 때문이다. 왜 그럴까? 지금까지는 자녀와 남편을 뒷바라지하느라고 정신이 없었다. 그래서 남편이 사회적으로 출세하고 성공했다. 더불어 자녀들의 뒷바라지를 하느라고 눈코 뜰 새 없었다. 건강하게 키우고 남에게 뒤처지지 않도록 온갖 정성을 쏟았다. 그 결과 자녀들이 다 건강하게 그리고 능력 있는 성인으로 성장했다. 결혼까지 시켜 이젠 어미로써의 역할도 다 끝냈다. 이제는 좀 쉬어야 할 때다. 그런데 마음이 즐겁지 않고 우울하기만 하다. 왜 그런가?

갱년기 주부는 남편과 자식을 위해 자기가 희생되었다고 생각하기 때문에 우울하다. 자기의 인생은 포기한 채 남의 인생을 위해 자신이 희생양이 되었다는 생각이 든다. 그러다보니 갑자기 남편과 미워지고 자신이 처량하고 불쌍해 진다. 불면증이 지속되고 식욕이 떨어진다. 이것이 우울증의 시초다.

본래 주부는 우울증의 포로다. 산후에는 우울증이 뒤따르기 때문이다. 대부분의 주부가 산후 우울증을 극복한다. 그러나 갱년기에 주부가 아내와 엄마의 역할을 마무리한 후 자신의 과거를 뒤돌아보면서 생긴 우울증은 쉽게 고쳐지지 않는다. 이것은 주부 고달픔증과는 그 성격이 다르다. 주부가 바빠서 갖는 고충은 육체적인 것이고 이것이 주부 고달픔증이다. 이에 비해 갱년기 우울증은 자신의 인생에 대한 회의이고 이는 정신적인 고뇌이다.

갱년기 우울증을 적극적으로 치료하는 방법은 자기가 주부 이전에 원했던 삶을 새로 시작하는 것이다. 예컨대 결혼하기 전 예술을 하고 싶었다면 지금 바로 미술공부든, 음악공부든, 소설공부든 새로 시작하는 것이다. 많은 주부들이 갱년기에 새로운 삶을 시작하는데 대부분이 자신이 처녀 때 하고팠던 취미를 살린다. 어떤 사람은 새로 공부하는 사람도 있다. 미국서 저자가 공부할 때 거의 할머니 나이에 가까운 사람이 대학에 복학하여 젊은 학생들과 학사, 석사공부를 계속하는 것을 보았다. 이들은 생기가 넘치고 열심히 공부하고 있었다.

갱년기 주부가 우울증을 갖는 또 다른 이유는 우리 가족제도의 변화 때문이다. 핵가족화함으로써 주부의 역할이 많이 줄어들었다. 자녀가 결혼해 출가해 버리면 이제 두 양주만 남아 빈 둥우리를 지키게 된다. 말동무도 없고 돌봐줄 며느리, 손자, 손녀도 없다. 과거 우리는 확대가족이었고 그래서 갱년기 주부는 할머니가 되어 안방의 큰 마나님이 될 수 있었다. 며느리와 손자, 손녀를 거느리는 권력과 세도가 당당한 안방마님이었다. 그러나 지금의 주부는 홀로 독방을 지키는 암자 속의 스님 신세로 전락했다.

따라서 많은 주부들이 출가한 자녀를 자기 이웃에 살게 하고 자녀를 옛날처럼 자주 만난다. 만일 자녀부부가 맞벌이 부부라면 그보다 더 좋은 일이 없을 것이다. 왜냐하면 손자손녀들은 할머니 차지기 때문이다. 이런 방식으로 자녀가 출가했지만 출가하기 이전과 같은 관계를 유지하고 그래서 갱년기 우울증을 극복하는 주부들이 있다. 이것도 나쁘지 않은 방법이다. 그러나 자녀를 이런 식으로 자기 곁에 둘 수 없거나 이제 더 이상 자녀 뒷바라지가 자기의 인생목표가 아니라고 생각하는 주부라면 그는 다른 방법을 찾아야 한다.

앞에서 새로운 취미생활이나 못 다한 공부를 하는 방법을 예로 들었다. 다른 한 가지 방법은 봉사활동을 하는 것이다. 이에 관해서는 60대의 행복설계에서 자세히 다룰 것이므로 여기서는 중복을 피하기 위해 생략한다.

갱년기 우울증을 모면하는 또 다른 방법은 소설이나 영화에 탐닉하는 것이다. 영화보다는 소설을 더 권장하고 싶다. 왜냐하면 소설은 더 장시간 동안 그리고 그 내용을 음미하면서 즐길 수 있기 때문이다. 또 영화보다는 소설이 더 깊은 내용을 담고 있기 때문이다.

소극적이지만 그럼에도 불구하고 우울증을 치료하는 방법은 자기 인생을 긍정적으로 보는 것이다. 훌륭한 아내, 훌륭한 주부, 그리고 훌륭한 어머니는 결코 실패한 인생이 아니다. 여자만이 이룩해 낼 수 있는 값진 인생이다. 이렇게 자기의 인생을 긍정적으로 평가할 필요가 있다. 그러나 이런 방법으로 우울증이 쉽게 치료되지 않으면 집에서 하염없이 눈물을 흘리기보다 심리학자, 정신과 의사, 행복설계가를 만나보라고 권고하고 싶다. 그들 앞에서 펑펑 울고 나면 정말 씻은 듯이 우울증이 사라진다.

장년기의 행복설계 3
남성의 위기

    남성의 중년위기는 35세부터 55세 사이에 온다. 그러나 흔히 40대 초반에 나타난다(한성열 역, 흔들리는 중년기, 1996). 남성의 위기는 주부의 갱년기와 그 내용과 성격이 비슷하다. 주부 갱년기는 폐경에 따른 신체적 변화와 그에 따른 우울증이 주 증상이다. 이 우울증은 주부가 지금까지의 자신의 삶을 되돌아보고 이 삶이 남을 위한 것이었다고 느끼고 그에 따라 자괴감 또는 공허감을 느낄 때 더 악화된다.

    남성의 위기도 주부갱년기와 비슷한 과정을 거친다. 우선 남자가 40대가 되면 신체적인 쇠퇴를 느끼게 된다. 더 이상 근육은 딴딴하지 않고 운동부족으로 배가 나온다. 마음 같아서는 30대 때처럼 100m를 몇 십초 안에 달릴 수 있을 것 같지만 불과 50m를 달리고는 그만 숨이 차 주저앉는다.

그러나 남성의 위기와 주부 갱년기가 서로 다른 점이 하나 있다. 주부의 경우 자녀와 가사의 책임에서 어느 정도 벗어나고 여유가 있을 때 생긴다. 즉 좀 남아돌아가는 시간 때문에 자기 삶을 되돌아보게 되고 공허감을 느낀다. 반면 남성의 경우는 이때가 가장 바쁜 때이다. 가정, 직장에서 바쁘고 사회에서도 그가 중견이기 때문에 많은 책임을 부과한다. 특히 그는 가정에서 너무 많은 책임을 진다. 가족부양, 자녀과외비, 주택마련, 자동차구매, 새로운 고가 TV 구매 때문에 등골이 휜다. 직장에서도 스트레스가 많다. 그가 어느 정도 성공해 관리자의 반열에 올라왔더라도 젊은 후배들이 치받고 올라오는 것에 불안을 느낀다. 교회, 동창회, 지역사회에서도 그에게 많은 책임을 맡긴다. 하루하루를 어떻게 보내는지 정신이 없을 정도다.

이런 과중한 업무와 책임감에 짓눌려 중년기의 남자는 에너지가 고갈된다. 그는 더 이상 창의적으로, 효율적으로 일 할 수가 없다. 하루 일과가 신명이 나지 않고 의욕이 넘치지 않는다. 자신의 삶이 다람쥐 채 바퀴 돌리는 식으로 인식될 뿐이다. 그러다보니 심신이 지치고 남을 위해 인생을 산다는 생각을 하게 된다. 더구나 자녀교육 때문에 아내와 자녀를 외국에 보낸 '기러기 아빠'는 외로움에 시달려 삶의 의욕을 잃어버린다. 그래서 자살하는 경우가 발생한다.

콘웨이는 그의 책 '흔들리는 중년기'에서 중년기 남자가 이 위기를 극복해 나가는 과정을 6단계로 분류하고 있다(한성열 역, 1996년). 1단계는 부인이다. 이것은 자기가 늙어간다는 것을 부인하는 것이다. 자기가 늙어가고 있다는 것을 인정하지 않는다. 그래서 머리를 염색하고 청바지를 입는다. 2단계는 분노다. 자신이 분명히 늙어가고 있는 것에 분노하는 것이다. 늙는다는 것은 신체적인 것뿐만 아니라 심리적인 것도 포함된다. 3단계는 재연이다. 콘웨이는 이 단계를 '한 번만 더'의 단계라고 불렀다. 한 번만 더 뜨거운 사랑을 해보자, 한 번만 더 하고 싶은 일을 해보자 등으로 안간힘을 다해 시간을 바꾸어보려는 몸부림이다. 그러나 이것은 1단계 부인 단계의 변형일 뿐이다. 그가 자신이 늙어가는 것을 온몸으로 거부해도 노화는 진행될 수밖에 없기 때문이다.

3단계 재연에서 우리가 안간힘을 다하는 방법은 여러 가지가 있다. 술과 여자에 빠지는 것, 운동을 하는 것 그리고 새로운 직업을 찾는 것 등이다. 이 중 술과 여자에 빠지는 것은 결국 중년기의 남성을 더욱 비참하게 만든다. 술중독자가 되거나 여자문제가 발생하면 더 큰 곤경에 빠지기 때문이다. 바람을 피운 대부분의 남자들은 조강지처와 새 애인 두 여자로부터 버림을 받는다. 그래서 큰 상처를 입은 상이군인의 몸으로 귀가한다. 운동을 하거나 새로운 직업을 택한 사람은 성공한 중년기를 보낼 수 있다. 새로운 직업을 갖는 문제에 대해서는 이 장의 '행복설계 4'를 참고하기 바란다.

4단계는 우울이다. 콘웨이는 중년이 1, 2, 3단계에서 각 위기를 잘 극복했더라도 결국 그는 우울을 경험하게 된다고 주장한다. 그 이유는 노화는 발버둥 친다고 해서 방지되는 것이 아니기 때문이다. 즉 아무리 발버둥 쳐도 노화방지가 불가능한 것을 깨닫게 되고 그 결과 우울증이 생긴다는 것이다. 5단계는 움츠림이다. 중년은 포기하고 소극적이 된다. 즉 노화를 멈출 수 없다는 것을 깨닫고는 움츠러드는 것이다. 친구와도 가족과도 잘 접촉하지 않으려 한다. 마지막 6단계는 수용이다. 이 단계는 늙음을 새롭게 받아들이는 것이다. 중년기의 장점과 가치를 보기 시작한다. 즉 자신이 늙고 추악한 사람이 아닌 경험 있고 능력이 있는 사람이라고 재평가하는 것이다.

콘웨이의 중년기가 겪는 5가지 위기 단계는 엘리자베스 퀴블러로스가 쓴 '죽음과 죽어가는 것에 대하여'라는 책에서 언급한 과정을 응용한 것이다. 퀴블러로스는 우리가 갑자기 말기 병 진단을 받는 경우 5단계를 거친다고 했고 그것은 3단계 '흥정'만 빼놓고는 콘웨이의 것과 똑같다('흥정'단계는 이 병을 지연시킬 수는 없을까 하는 식으로 생각하는 것을 말한다). 콘웨이는 중년기의 위기가 우리가 갑자기 말기 병 환자로 진단받을 때와 같이 우리에게 충격으로 다가온다는 것을 강조하기 위해 퀴블러로스의 위기대처방안을 그대로 따왔다.

그러나 앞에서 잠깐 언급했지만 중년기의 위기를 그것에 순응하는 방식으로 모두 넘기는 것은 아니다. 재혼이나 재취업 등을 통해 젊음을 어느 정도 더 연장하는 사람도 있다. 나의 경우는 중년의 위기가 없었다고 말해도 과언이 아니다. 나의 중년기 위기는 60년대 중반기로 연장되었다. 이제 그 이유를 설명해보자.

나의 중년기 위기 역시 내 나이 40세 때 찾아왔다. 나는 미국에 유학하기 전 7년간 그리고 미국에서 유학을 한 후 돌아와 3년간 한국행동과학연구소에서 10년간 봉직했다. 앞에서 말했지만 그곳은 심리학을 연구할 수 있고 내가 배울 수 있는 곳이었다. 그래서 신명나게 일했고 지장이 즐거웠다. 그러나 내가 귀국 후 3년이 지난 후부터 그러니까 내 나이 40세부터 갑자기 나에게 중년기 위기가 닥쳐왔다. 연구소 부소장으로 연구소에서 최상위 연구직까지 올라갔다. 그래서 3년 동안 각종 연구프로젝트에 가담하고 많은 수익을 올렸다. 소장님도 대만족이셨다. 그러나 갑자기 어느 순간부터 나는 나의 일에 회의를 느끼기 시작했다. 이제 연구소에서 떠나 학교로 가고 싶은 생각이 간절해졌다. 교수로서의 삶이 연구직보다 훨씬 더 멋있어 보였다. 이런 생각을 굳히게 된 이유는 동료와 후배들이 차츰 학교로 자리를 옮기기 시작했기 때문이다. 지금도 잊혀지지 않는 것은 1980년대 초 부산지역에 자료조사를 하러 갔다가 그곳에 있는 후배교수를 부산대학에서 만난 때이다. 그가 대학 정문에서 당당히 걸어 나오는 것을 보고 나는 위축감을 느꼈다. 그리고 나도 대학으로 자리를 옮겨야겠다는 생각을 굳혔다. 그러고 나니 나에게는 연구소가 더 이상 즐겁고 신나는 곳이 아니었다.

그러던 차 1980년 연세대에 심리학과가 창설되고 나는 이듬해 그곳에 조교수로 초빙되었다. 나의 제2의 인생이 시작된 것이다. 즉 내 나이 41세에 새 직업을 택한 것이다. 새로 창설된 학과라 내가 할 일이 무척 많았다. 학과의 커리큘럼을 짜는 것부터 시작해 신입교수 영입, 연구소 설립 등등 많은 과제가 나를 기다리고 있었다. 그러나 나는 노화를 느끼지 않고 의욕적으로 연구하고 가르치고 학과를 키웠다. 콘웨이가 말하는 중년기의 위기는 남의 이야기였다. 왜냐하면 나는 1981년부터 2003년까지 22년간 거의 한 해 한 권의 책을 출간했다. 물론 이외에 미국 저명잡지에 논문이 실리고 외국학자와의 공동연구가 세 차례나 이어졌다. 지난 22년간 나는 그 어느 한 순간에도 콘웨이가 말한 중년기 위기를 겪지 않았다. 나는 항상 의욕에 넘쳤고 여름방학, 겨울방학 없이 연구하고 저술하는데 온 힘을 기울였다. 한 마디로 말해 나에게 중년기의 위기는 존재하지 않았다. 그 이유는 무엇인가? 내가 새로운 직장을 얻었기 때문이다. 남성중년기 위기를 초래하는 가장 중요한 원인은 자기가 평생 해오던 일에 대한 회의이다. 나의 경우 생의 보람이 과거에는 연구였던 것이 교수직으로 바뀌어졌고 내가 연세대 교수가 됨으로써 중년기의 분노, 우울이 한꺼번에 해소된 것이다. 콘웨이가 말한 중년기의 위기는 새로운 결혼이나 나와 같이 새로운 직업의 개발로 지연될 수 있다. 즉 모든 사람이 중년기의 위기에 수동적으로 순응하는 것만은 아니다.

그러나 나에게도 다시 한번 중년기의 위기가 닥쳐왔다. 이 위기는 2003년부터 갑자기 시작되었다. 내 나이 63세 때도 나는 정신적으로나 신체적으로 아주 건강했다. 주위에서 내가 몸도 마음도 젊은 것을 보고 젊은 제자들 틈에서 사니까 그렇다고 말했다. 나는 이것이 어느 정도 맞다고 생각한다. 젊은이들의 사고, 행동, 그리고 그들의 활력으로부터 영향을 받아 나의 노화가 더디게 온 것이다.

그러던 것이 내 나이 63세때 이상이 왔다. 갑자기 혈당이 높아졌기 때문이다. 평소 나의 혈당치는 임계치인 110을 오르락내리락 했다. 콜레스테롤과 고지혈이 있으니 주의하라는 진단이 매년 정기 신체검사결과통지서에 찍혀 나왔다. 체중을 조절하라는 경고다. 나의 체중은 72kg이었다. 그래서 2001년 독일 베를린에서 안식년을 보낼 때 큰마음을 먹고 체중조절을 했다. 체중을 67kg까지 줄였다. 그러나 귀국 후 그동안 못 먹었던 한국음식을 마음껏 먹었다. 그러다보니 체중은 요요현상을 일으켜 다시 72kg으로 환원되었다.

2003년 연세대에서 전국교수테니스대회가 열렸다. 이때 출전을 목표로 전 테니스회원들이 강행군을 했다. 거의 매일 정구를 쳤다. 나도 이들 틈에 끼어 매일 강도 높은 훈련을 했다. 강훈련을 했으므로 그 동안 자제해온 맥주, 아이스크림, 초코렛을 이제 어느 정도 먹어도 상관이 없을 것이라고 지레 짐작했다. 그래서 운동을 마친 후 집에 돌아와 이런 스넥을 즐겼다. 그랬더니 몇 개월 후 정기 신체검사에서 나의 공복혈당치가 135로 껑충 뛰었다. 일차 검사에서 경고를 받고 이차검사를 받으라는 경고장이 날라 왔다. 병원에 문의해 보았더니 약을 먹어야 된다고 한다. 그러나 나는 체중으로 당뇨를 조절하기로 결심했다. 왜 약을 거절했는가 하면 약을 먹기 시작하면 죽을 때까지 먹어야 하기 때문이다. 나는 평소 약을 잘 안 먹는다. 소화제를 먹은지, 감기약을 먹은지가 몇 십 년이 된다. 속이 안 좋으면 한 끼 굶고 감기에 걸리면 하루 푹 쉬었고 그것으로 병이 깨끗이 다 나았다.

나의 체중감량작전은 눈물겨웠다. 점심밥을 싸가지고 다녔는데 자녀가 중학교 때 가지고 다녔던 조그만 도시락통에 보리가 섞인 밥을 그것도 반만 채웠다. 반찬은 물론 3가지 이내다. 이것을 3개월 동안 했다. 나는 평소에 아침은 시리얼로 간단히 떼운다. 그런 데다가 보리밥 점심을 먹고 저녁도 평소에 반만 먹으니까 나의 체중이 3개월 만에 7kg이 빠졌다. 그리고 나서 동네 병원에 가 혈당치를 검사받으니 전보다도 훨씬 떨어진 108이 나왔다. 그리고 콜레스테롤 수치와 고지혈 수치도 정상으로 나왔다. 체중관리로 모든 성인병이 일거에 제거된 것이다.

그런데 나는 요즘 코웨이가 말한 중년의 위기를 겪고 있다. 체중이 7kg이나 빠지니 나의 용모에 이상이 왔다. 눈이 움푹 들어가고 볼의 근육이 빠져 완전히 할아버지 얼굴이 돼버렸다. 얼마 전 여권을 갱신하려고 사진을 새로 찍었는데 완전히 할아버지 상이다. 집안 식구들도 나보고 더 이상 체중을 줄이지 말라고 압력을 넣는다. 늙을수록 어느 정도 몸에 살이 붙어야 하는데 그렇지가 못하다는 것이다. 그래서 요즘은 식사량을 약간 늘렸다. 그래도 이젠 노화가 본격적으로 시작되었는지 움푹 파인 눈이나 볼이 원상복구되지 않는다. 그래서 나는 요즘 거울을 잘 안 본다. 나의 노화한 용모를 확인하기가 싫어서이다.

나는 콘웨이가 말한 중년남성 위기 5단계를 매일 겪고 있다. 즉

'부인하고, 분노하고, 재연하고, 우울증을 겪고, 그러다 체념 즉 수용'한다. 나는 가끔 지하철을 타는데 사람이 많으면 노약자석으로 간다. 그러면 그곳에는 흔히 한 좌석이 남아있다. 나의 좌우, 그리고 앞의 세 좌석의 앉은 노인들을 바라보면서 나는 나 자신이 미워지고 화가 나고 우울하다. 그래서 가능하면 노약자석엔 기웃거리지 않는다. 이런 나 자신을 살펴보면서 콘웨이가 지적한 중년기 남성의 위기가 얼마나 심각한 것인지를 새삼 깨닫게 된다. 중년기 위기는 누구에게나 피치 못하게 다가온다. 그러므로 우리는 이를 현명하게 극복해야 한다. 이를 현명하게 극복하는 사람은 노년기를 행복히게 마지 할 것이다. 그러나 이를 극복히지 못히는 사람은 많은 고난을 겪을 것이다. 콘웨이는 중년기의 위기는 10대 정체성의 위기의 재연이다라고 까지 말하고 있다.

장년기의 행복설계 *4*

분갈이를 할 수 있으면 하라

앞의 장년기의 행복설계 중 '들어가는 말'에서 분갈이(repotting)에 관해 잠깐 언급한 바 있다. 더 자세히 말한다면 분갈이는 남자가 장년기에 들어서서 갑자기 자기 일에 회의를 느끼고 그에 따라 새로운 인생을 시작하는 것을 말한다. 이 분갈이 현상은 어찌 보면 주부의 갱년기 우울증과 비슷한 점이 있다. 둘 다 자기의 과거를 뒤돌아보고 이에 만족하지 않고 새로운 삶을 시작한다는 점에서 그렇다. 그래서 어느 정도 분갈이 현상이 남성갱년기라고 불리 울 만하다. 그러나 분갈이는 주부의 갱년기 우울증과는 근본적으로 다르다.

주부의 갱년기 우울증은 자기의 역할이 다 한 것으로부터 오는 회의, 공허감이다. 그러나 남성의 분갈이는 자기의 직업이 자아실현을 해주지 못하는데서 오는 실망감 때문에 생긴 홍역이다. 더 쉽게 말한다면 10대와 20대 때 자아정체나 진로선택을 잘못해 자기 적성에 맞는 직장을 택하지 못한 데서 오는 자괴감이 이 홍역의 특징이다.

처음에는 그런대로 자기 직장을 천직으로 알고 열심히 일해 왔다. 그래서 직장에서 어느 정도 성공하고 출세했다. 경제적으로도 안정되어 있다. 그런데 점점 날이 갈수록 하는 업무에 진력이 나고 의욕이 줄어든다. 이것은 그가 체력소모가 너무 많았거나 업무 스트레스가 많아서 생긴 것이 아니다. 근본적으로 자기 업무가 자기 적성에 맞지 않는다고 느끼기 때문이다. 또는 자기 업무에서 어떤 보람이나 자아실현을 느끼지 못했기 때문이다. 한 예를 들어보자.

한 대기업의 회계당담 상무가 50대 말에 갑자기 사표를 썼다. 낙향하여 전원생활을 하면서 소설가가 되기 위해서다. 주위에서 그를 극력 말렸다. 조금만 더 있으면 회사의 전무가 되고 대표이사가 될 것은 따논 당상인데 무슨 바보짓이냐는 것이다. 그러나 최 상무는 더 이상 회사에서 일하는 것은 자신을 고문하는 것이라고 생각하고 과감하게 사표를 썼다. 그 이유는?

최 상무는 어렸을 때 농촌에서 자라고 소설을 좋아했다. 그의 꿈은 소설가가 되는 것이었다. 그러나 집안사정이 어려워 상경대로 진학을 했고 중소기업의 회계 일을 보게 되었다. 그의 전공에 알맞는 부서였다. 그는 20대 후반에 이 회사에 취업하여 열심히 일했다. 술도 잘 못하여 퇴근 후 집에서 소설을 읽는 것이 그의 유일한 휴식인데 회사는 이를 허용하지 않았다. 그는 납품업자들, 공무원들과 술자리를 자주 해야만 했다. 술자리가 1차로 끝나는 경우는 드믈었다. 2차로 어느 때는 3차까지 가지 않으면 안 되었다. 술을 잘 못했기 때문에 그에게 술자리는 늘 고역이었다. 그러나 그것도 업무 중의 하나라고 생각했기 때문에 그는 꼭 참았다.

이렇게 열심히 일해 그는 드디어 입사시 꿈이었던 중역자리를 차지했다. 자녀들도 잘 자랐고 그가 비교적 이른 나이에 부모의 강권으로 결혼을 했기 때문에 세 자녀를 다 결혼시켰고 출가시켰다. 이제 그의 부모로서의 역할은 끝났다. 50대 중반에 들어서자 그는 이제 더 이상 회계 일을 볼 수가 없다는 것을 느끼게 되었다. 숫자가 마치 포승줄처럼 자기를 옥죄는 것으로 보이고 회계감사일도 전처럼 흥이 나지 않았다.

그러면서 젊었을 때 품었던 욕망이 되살아났다. 소설을 쓰고 싶은 욕심이다. 그는 아무리 바빠도 한 달에 한 권 정도의 소설은 꼬박 읽었다. 국내든 외국 출장이면 항상 가방 속에 소설 책 몇 권은 넣고 다녔다. 고등학교 때 공책에 습작을 한 것이 기억이 났고 그 때의 흥분이 전율처럼 자기 몸을 타고 흘렀다. 그렇다! 이제 어느 정도 노후자금도 있고 퇴직금도 충분하니 이쯤에서 나의 진짜 인생을 살아보자. 이렇게 결심하고 그는 사표를 과감하게 내던졌다.

분갈이는 해야 할 것인가 또는 말아야할 것인가? 최 상무처럼 어느 정도 노후가 준비되어 있다면 하는 것이 좋다. 처음에는 회사에서 최 상무의 사표를 극력 말렸다. 그는 그 업무의 베테랑이었고 그가 그만두면 이을 사람이 당장 없기 때문이다. 그러나 분갈이는 회사와 개인 모두에게 최상의 선택이다. 왜 그런가? 설사 회사가 최 상무를 설득했다 하더라도 그는 매일 기계처럼 왔다갔다하는 반 기계적으로 일하는 사람이 되기 때문이다. 즉 그는 더 이상 자기 업무에 몰두할 수 가 없다. 그런 사람이 회사에 있는 것은 도움이 되지 않는다. 이제는 월급만 축 내는 사람일 뿐이다.

한편 분갈이는 최 상무에게 새로운 인생을 약속해 준다. 신명이 나고 살맛이 난다. 그가 소설가로서 성공할 수 있는지의 여부는 그리 중요하지 않다. 다만 그가 평소 꿈꾸어 왔던 일을 시작할 수 있다는 것이 중요할 뿐이다. 우리가 첫사랑의 애인을 만나 다시 사랑하고 싶어 하는 심정과 같다. 첫사랑도 이젠 나이가 들어 파파 할머니, 할아버지가 되었을 것이다. 그러나 우리는 옛날에 지녔던 그 열정, 순정을 그대로 간직하고 있고 그 순수한 사랑에 다시 한 번 빠져보고 싶은 욕망이 있다.

그러면 모든 사람이 갱년기에 분갈이 현상을 보이는가? 그렇지는 않다. 나는 한 번도 나의 직업을 바꾸었으면 하고 현재 교수직을 후회해본 적이 없다. 그렇게 된 이유는 내가 10대와 20대 때 자아정체와 진로선택을 잘 했기 때문이다. 즉 내가 하고픈 것이 심리학이었고 또 졸업 후 대학교수가 되고 싶었기 때문이다. 결국 분갈이 홍역을 앓는 사람은 10대와 20대 때 자아정체를 잘못한 사람이다. 우리가 자아정체를 잘못하면 그 악 효과가 갱년기 때 나타난다. 그래서 에릭슨이 청년기 때 자아정체를 잘 하라고 충고한 것이다.

적을 만들지 마라

장년기는 개인적으로 사회경제적 지위가 제일 높아지는 시기이다. 즉 직장에서나 사회에서 지위가 제일 정점에 오른다. 개인이 출세하고 성공하면 그만큼 남의 시기를 산다. 그래서 적이 생길 수 있다. 적이 생기면 그와의 분쟁에 휘말리게 된다. 사소한 경우 서로 질투하고 미워하는 수준으로 끝나지만 이것이 심화되면 법적 투쟁까지 발전한다.

적이 생기는 이유에는 여러 가지가 있다. 자신이 잘못해서 스스로 적을 만드는 경우와 자신이 상대방에게 아무런 해를 끼치지 않았음에도 불구하고 상대방의 질투로 생기기도 한다. 대표적인 예가 학교의 왕따이다. 왕따는 두 가지 이유에서 생긴다. 하나는 모난 돌이다. 즉 자신이 너무 이기적이거나 성격이 모가 나 친구로부터 왕따를 당하는 것이다. 반대로 자신에게 성격적인 문제가 없지만 공부를 잘 하거나 선생님의 총애를 받으면 공부를 못하고 선생님의 눈에 난 아이들로부터 왕따를 당한다.

청소년기에 발생하는 친구간의 음해는 왕따를 시키거나 당하는 수준이다. 즉 친구를 점심식사모임에 끼워주지 않거나, 학급집단 활동에서 제외시키거나, 또는 신체적인 학대를 하는 등(물론 왕따 당하는 학생이 받은 정신적 충격이 커 자살하는 경우가 더러 있기는 하지만). 그러나 성인기나 장년기에서는 더 심각한 암투를 벌인다. 각종 음모, 방해, 신체적 공격, 복수 등을 일삼는다.

원인이 자신에게 있던 타인에게 있던 적을 가진 사람은 그 만큼 불행하다. 우선 적을 미워해야 하고 그러다보면 자신의 마음도 괴롭기 때문이다. 분노를 품는 사람은 여러 가지 신체적 변화를 겪게 된다. 혈압이 높아지고 아드레날린이 과다 분비되며 심장박동도 높아진다. 그러나 그가 분노를 표출할 방법이 없으면 이제 그 분노가 자신에게 향해져 우울증에 빠진다. 심각하면 자살까지 한다.

사실 학계는 다른 사회분야 못지않게 알력과 견제가 많다. 그 원인은 사실 하찮은 일로부터 시작된다. 학자들 세계에서는 연구결과에 대한 평가가 필수적으로 따른다. 물리, 화학, 생물학과 같은 하드웨어 사이언스에서는 논문에 대한 비판이 생기면 비교적 그 논문에 대한 검증은 쉽게 증명된다. 즉 논문의 사실 여부는 조만간 해결되기 마련이다. 그러나 인문사회과학 예컨대 철학, 심리학, 사회학, 정치학, 경제 및 경영학 등은 그 연구의 질을 객관적으로 판단하기가 무척 어렵다. 그래서 학술발표회 때 가면 한 발표논문을 놓고 갑론을박하는 사태가 빈발한다. 갑론을박하는 사람들은 그것을 기화로 평생 원수지간이 된다.

다른 사회조직에서 발생하는 알력은 시기심과 질투 때문이다. 같은 입사 동기생은 항상 서로 승급, 승진 때문에 라이벌이 된다. 승진과 승급을 하는 사람은 기분 좋고 우월감을 가지지만 승진심사에서 낙방된 사람은 우울하고 열등감을 갖는다. 특히 부하와 가족들에게 면목이 없다. 그러므로 자연히 승진한 친구가 밉고 야속하다. 그러다보니 이젠 그가 친구가 아닌 적이 된다.

구설수에 휘말리지 않고 적을 만들지 않으려면 평소 말과 몸가짐에 신경을 써야 한다. 타인을 여러 사람 앞에서 창피주는 일이 없도록 노력해야 한다. 예컨대 타인의 연구업적, 실적, 기타 행동을 평가할 때는 직접적인 비판을 자제해야 한다. 비판을 받은 사람은 비판한 사람을 평생 잊지 않고 앙갚음하려 벼른다. 원수는 외나무

다리에서 만나기 마련이고 그러면 그 원수는 과거 당했던 치욕을 복수하려고 필사의 노력을 경주할 것이다.

성인사회에서 적은 사실 겉으로 들어나지 않는다. 청소년들은 싫고 좋음을 행동으로 나타내기 때문에 적과 동지를 구분하는 것이 그리 어렵지 않다. 그러나 흔히 일반사회조직에서 적과 동지는 구분하기 힘들다. 적이 동지인 양 가장하고 행동하기 때문이다. 그러나 적은 비밀리에 우리의 행동을 주시하고 각종 루머를 퍼뜨리며 비방과 비난을 자행한다. 특히 적은 자신의 모습을 감추고 동지인척하기 때문에 많은 사람들이 속기 마련이다. 적과 동지를 구별해 낼 수 있는 능력을 갖추는 혜지가 필요하다.

자기가 능력이 많아 빨리 출세를 해서 적을 많이 만든 경우 적에게 아량을 베풀 필요가 있다. 제일 좋은 방법은 자기 때문에 뒤쳐진 동기생을 도와주는 것이다. 즉 다음 번 승진, 승급이 있을 때 그가 선발되도록 돕는 것이다. 그러나 일단 적이 된 사람끼리는 쉽게 타협하고 동지가 되는 것이 쉽지 않다.

우리가 타인과 갈등을 가질 때 여러 가지 부작용이 발생한다. 앞에서 잠깐 지적한 바와 같이, 각종 구설수, 음해, 보복 등이 따른다. 그리고 이것이 가장 나쁜 형태로 발전하면 법적 분쟁으로까지 번진다. 각종 민사사건이 그 예이다. 한 번도 법적 소송에 휘말리지 않은 사람은 그런대로 행복한 사람이라고 말할 수 있다. 법적 소송에 휘말리면 장기간 상대방과 이전투구를 해야 한다. 보통 민사소송은 3심까지 가기 마련이고 길면 10년까지 끌게 된다. 그 기간에 소요되는 금전적 소모는 엄청나다. 소송이 끝나 이겨도 그간의 경비를 제하고 나면 남는 것이 별로 없다. 결국 변호사 좋은 일만 시킨 셈이 된다. 그보다 더 큰 손실은 심적인 고통이다. 재판 때마다 상대방과 다시 분쟁을 반복해야 하므로 이로 인해 신경이 날카로워지고 심신이 지치기 마련이다. 따라서 현명한 사람은 절대로 적과의 갈등을 소송으로까지 발전시키지 않는다. 다소 손해를 보더라도 화해를 하고 보상을 해주어 갈등을 해결한다.

미국에서는 모든 것을 소송으로 해결하려는 풍조 때문에 경제적 손실이 크다고 한다. 넘쳐나는 변호사들이 생존 경쟁을 위해 오히려 분쟁을 부추키고 있다고 한다. 이러한 나쁜 사회풍조를 바꾸기 위해 협상과 화해를 증진시키는 방법에 대한 연구가 활발하게 수행되고 있다. 즉 최근 미국사회심리학에 화해, 협상, 분쟁해소를 높이는 방법에 관한 연구가 활발하게 전개되어 왔다. 이 연구에서 밝혀진 방법은 미국 법원에서 일찍부터 활용하고 있다. 즉 소송당사자들이 법적 소송을 피하고 사전 화해하게 하는 프리 바게인(pre bargain) 즉 사전 조정단계가 있다.

결혼권태기에서 벗어나라

결혼권태기는 개인차가 있지만 흔히 20~30대부터 시작된다고 볼 수 있다. 그런대 왜 이 책에서는 장년기에서 이 문제를 다룰까? 그 이유는 다음과 같다. 한국인들은 20~30대에 권태기를 가져도 쉽게 이혼하지 않는다. 최근에는 젊은이들이 결혼한 후 1년 사이에 많이들 이혼하지만, 구세대는 그렇지가 않다. 과거 한국사회에서 이혼은 마땅치 않은 것으로 간주되어 왔기 때문에 부부간의 문제가 있어도 이혼까지는 가지 않았다.

그러나 요즘 일본과 한국사회에서는 소위 '황혼의 이혼'이 유행하고 있다. 즉 남편이 은퇴를 하면 부인이 이혼을 요구하고 재산을 반분 받아 새로운 인생을 살려는 사람이 늘어나고 있다. 따라서 장년기의 부부간의 화목이 아주 중요하게 되었다. 이 시기에 부부불화가 계속되면 결국 이혼이라는 파국을 만나게 된다. 하지만 이때

부부가 슬기롭게 문제를 해결하면 죽을 때까지 해로할 수 있다.

그래서 권태기의 문제를 장년기에서 다루는 것이다.

부부가 불화하는 것은 서로의 성격차, 남편의 바람, 경제적인 문제 등 여러 가지가 있다. 결혼 하고나서 이런 문제 때문에 자주 부부싸움을 하게 된다. 그러나 대부분의 부부는 그렇다고 해서 이혼하지는 않는다. 위에서 그 이유는 이혼에 대한 우리 사회의 타부 때문이라고 말했다. 그러나 저자는 그 외에 다른 중요한 원인이 있다고 생각한다. 그것은 부부 각자가 자기 할 일에 바빠 부부간의 문제를 제껴 놓았기 때문이다. 주부는 아이를 낳고 키우는데 바쁘다. 아이가 초·중·고에 입학하면 주부가 할 일은 많아진다. 남편도 마찬가지다. 직장 일, 출세, 성공에 몰두하다보니 부부싸움을 할 틈이 없다.

그러나 앞서 말한 바와 같이 이제 주부가 자녀를 다 키우고 나면 할 일이 줄어들고 남편과의 문제에 눈을 뜨게 된다. 주부가 자녀를 낳고 잘 키워 주부의 권위와 세력이 높아진 것도 이에 한 몫한다. 전과 달리 남편의 잘못을 지적하고 남편에게 말 못했던 것을 거침없이 쏟아낸다.

이는 남편의 경우도 마찬가지다. 결혼 후 아내에게 실망한 것, 아내의 못마땅한 점을 많이 발견했지만 직장 일에 바빠 보고도 못 본 척, 그냥 참기로 작정했다. 그런데 이제 정년을 하고 나니 그의 시선과 관심이 다시 부인에게 쏠린다. 그런데 더욱 어처구니 없는 것은 전에는 자기가 아내에게 잘못을 지적하면 고분고분하더니 이제는 거꾸로 나온다. 남편에게 잔소리를 하고 흉을 보면서 거침없이 대든다. 따라서 장년기 때 부부갈등이 새로운 국면을 마지하게 된다.

부부싸움에는 원인이 여러 가지가 있기 때문에 그것을 어떻게 해결할 것인가를 일률적으로 여기서 말하는 것은 무리가 있다. 부부가 이 문제를 스스로 해결할 수 없다고 생각하면 부부카운셀라를 만나거나 정신과 의사를 찾아보는 도리밖에 없다. 그런데 왜 부부싸움을 하는가? 신혼 초에는 아무리 서로 간에 문제가 있다하더라도 부부가 뜨거웠는데 왜 그 후에는 신혼 초와 같은 관계가 지속되지 않는가? 한마디로 말하면 권태 때문이다.

권태는 부부가 늘 같온 식으로 행동히고 똑같온 일을 반복히기 때문에 온다. 물론 더 근본적인 것은 똑같은 사람과 너무 많이 살아서 서로 싫증과 권태를 느낀다. 그러나 똑같은 사람과 오래 살아 싫증이 난 것을 해결할 방법은 없다. 왜냐하면 이러한 권태를 해소하려면 결국 부부는 헤어질 수밖에 없기 때문이다. 따라서 우리는 이제 권태를 피할 수 있는 방법을 살펴보아야 한다.

장년기에 들어서면 우리의 성 능력이 현저히 감소한다. 50대 후반에 들어서면 많은 남성들이 이제 더 이상 부부간의 성행위에 관심이 없다. 친구들끼리 만나면 "너 요즘 부부관계를 하니?" 하고 서로 물어본다. 내 친구 중에 정력이 절륜하기로 유명한 친구가 있다. 우리가 궁금해 그에게 물어보니 별로 안 한다고 한다. 그러면서 덧붙혀 하는 말이 "우리가 일생동안 쓸 수 있는 정액의 양이 정해져있는 것 같다"라고 말한다. 이 말은 그가 젊었을 때 성관계를 많이 해 장년기에 생산될 정액의 양이 줄어들었다는 것이다. 물론 이 말은 틀린 말이다. 우리가 쓸 정액의 양이 미리 정해져 있는 것은 아니다. 그리고 꼭 정액이 생성되어야 성욕을 느끼는 것은 아니다. 노인들 중 정액이 극소량 분비되어도 성관계에 만족하는 사람이 적지 않다.

장년기에 들어서 부부관계가 소원해지는 이유는 상대방에 대한 권태 또는 성에 대한 권태 때문이다. 성에 대한 권태란 무엇인가? 매일 똑같은 방식으로 성행위를 해온 것에 대한 지루함이다. 따라서 장년기에 성 권태를 물리치는 방법을 개발할 필요가 있다. 며칠 전 우연히 모 TV방송을 보니 여자 의사가 성행위방법을 바꾸어 볼 필요가 있다고 역설한다. 부부간에 성관계를 잘 안하는 부부를 만나보면 성행위방법이 신혼 초부터 지금까지 동일한 클래식 방법이라 한다. 그러면서 그 의사가 두 팔을 벌리고 눕는 자세를 보여 시청자인 내가 다 민망했다. 그러나 그녀의 말은 맞는 말이다. 그녀의 표현대로 우리가 매일 밥만 먹어서는 싫증이 난다. 빵도 먹어야 하고 짜장면도 먹어야 한다. 부부관계에 싫증을 느끼는 사람은 성행위 방법을 바꾸어 볼 필요가 있다.

장년기에 상호간의 권태를 줄이는 다른 방법은 다시 부부가 자기 일을 찾아 이에 매진하는 것이다. 물론 이것은 권태를 줄이는 직접적인 방법은 아니다.

부부가 황혼기 이혼을 하는 것은 주부가 더 이상 자기가 남편의 시중을 들기가 지겹기 때문이다. 그리고 더 이상 남편의 잔소리를 듣기 싫어서이다. 만일 남편이 직장이없는 경우 부인이 쉴 수 있도록 남편이 밖으로 나돌면 좋다. 즉 젊었을 때처럼 완전히 하루 종일 밖에 나가 있다가 저녁 늦게 돌아오지는 못하더라도 최소한 점심은 밖에 나가 해결하고 들어오는 것이 좋다.

남편이 정년퇴직을 하면 제일 힘들어 하는 것은 물론 은퇴한 본인 자신이다. 그가 이제는 이 사회의 주역이 아니고 퇴역한 인물이라는 것을 깨닫는 순간 그에게는 무력감이 엄습한다. 그러나 이에 못지않게 스트레스를 받는 것은 아내다. 아내는 남편이 방에 꼭 틀어박혀있는 '방콕 신세'가 되면 신경이 곤두선다. 물론 하루 세 끼를 해 먹여야 하는 지겨움도 크다. 따라서 남편은 할 일을 만들어서라도 그리고 또 할 일이 없더라도 밖으로 나도는 것이 좋다. 매일같이 나돌 수 없다면 일주일에 3~4일만이라도 점심은 밖에서 해결하고 들어와야 한다.

부부가 공통으로 할 수 있는 일이 있다면 이것이 권태감을 줄이는 훌륭한 방법이 된다. 내 친구 중 하나는 50대 초반에 정년을 했다. 이 부부는 둘이서 평소 안하던 등산에 취미를 붙이고 지금까

지 이를 계속해 하고 있다. 전국의 유명한 산은 모두 정복했다. 그러나 이 부부도 함께 하는 등산이 권태롭다고 한다. 그런 경우, 이 부부는 각자 자기 친구와 등산을 한다.

경제적 여유가 있다면 가끔 해외여행을 다녀오라고 권하고 싶다. 더 나이가 들기 전에 부부가 배낭을 짊어지고 테마여행을 다녀오면 좋을 것이다. 그룹투어도 좋지만 나는 한 달간 어떤 대륙이나 몇 개국을 정해놓고 집중적으로 그 나라의 문화와 역사를 탐방하는 테마여행을 권하고 싶다. 나는 1995년과 2001년 두 번 유럽 여행을 했다. 독일 프랑크푸르트와 베를린에 교환교수로 갔을 때 유럽과 스칸디나비아 반도를 각기 한 달 동안 아내와 여행을 했다.

외국여행을 하고나면 그 효과가 있다. 서로 이야기할 좋은 추억거리가 많기 때문이다. 나처럼 유레일 표를 끊고 여행 스케줄을 혼자 짜서 여행을 하다보면 많은 에피소드가 생기기 마련이다. 예컨대 숙박지도 스스로 정하고 관광할 곳도 스스로 찾아다니다 보면 여러 가지 포복절도할 사건이 생긴다. 당시에는 좀 스트레스로 느껴지지만 지나고 나면 오히려 좋은 추억거리가 된다. 그러나 해외여행으로 남편이 아내에게 폼을 잡는 것은 그리 오래가지 못한다. 3개월 정도면 그 약발이 떨어진다. 그러므로 해외여행으로 부부간의 권태를 없애는 것은 한계가 있다. 각자 자기 나름대로 효율적이고 경제적인 권태해소 방안을 창조해야 한다.

장년기의 행복설계 7
은퇴 후 적응

장년기에 맞이하는 제일 큰 위기는 명퇴 또는 정년퇴직이다. 한국이 국제통화기금의 통제를 받기 이전 한국인의 정년연령은 대개 50대 후반이었다. 매스컴 및 은행원의 정년이 비교적 빨라 57세 전후였다. 대기업은 사장이 되면 좀더 오래 할 수 있지만 이사가 되면 대개 60세까지 근무한다. 좀 늦은 곳이 학교사회였다. 교수는 아직까지 정년이 65세다. 나의 정년은 2006년 2월 말이고 이미 공식적인 정년퇴임식을 한번 했다.

그러나 국제통화기금 관리체제 이후 구조조정의 칼바람이 불어 우리 사회에 '삼오정'이니 '오륙도'니 하는 유행어가 생겼는데 이는 각각 은퇴 또는 정확히 표현하면 명퇴 연령이 35세 또는 50대로 낮아진 것을 빗대어 풍자한 것이다. 저자는 1997년 한국이 IMF 관리체제하에 들어가 수많은 사람들이 실직 또는 퇴직 당했을 때 심리학자원봉사단을 조직하여 실직자들을 도왔다. 전국의 심리학과 교수들이 전화 또는 현장상담을 통해 실직자 또는 퇴직자를 상담해 주었다.

운이 좋아 비록 60대 후반인 노년기에 정년을 한다 하더라도 우리는 심각한 정체상실감을 겪게 된다. 즉 정년한 사람은 누구나가 사회라는 무대에서 쫓겨 난 신세가 된다. 그에게는 남에게 건넬 명함이 없다. 명함이 없다는 것은 직업이 없고 직업이 없다는 것은 그가 사회에서 할 역할이 없다는 것을 뜻한다. 그래서 우리가 퇴직을 하면 정체상실감을 느끼게 된다. "아 이제 나는 사회에서 쓸모가 없는 사람이 되었구나" 이런 식의 자아정체상실감을 갖는다. 그런데 60대도 아닌 한창 팔팔하게 뛸 수 있는 30대~50대에 아무런 준비가 없이 명퇴를 당하면 그 심리적 충격이 상상하지 못할 정도로 크다.

한국이 IMF 체제에 놓이기 훨씬 이전에 명퇴를 당한 내 친구가 있다. 이 친구는 대기업의 상무까지 고속승진을 해 남의 부러움을 독차지했다. 그러던 친구가 1993년 말에 명퇴를 당했다. 당연히 자기는 중요한 업무를 맡았고 열심히 일했기 때문에 더 승진할 것으로 기대했는데 배신을 당한 것이다. 하루아침에 날벼락을 맞아 그는 거의 정신을 잃을 정도로 심한 충격을 받았다. 친구들이 그를 위로하려고 같이 저녁을 먹고 노래방에도 갔다. 그 때 그가 부른 노래는 늘 '아리랑'이었다. 왜 그가 아리랑을 불렀는가? 아리랑 가사 중에는 다음과 같은 구절이 나온다; '나를 버리고 가신님은 십리도 못가시 발병이 난다'. 그가 어느 정도 명퇴의 아픔을 극복하고 난 후 나에게 토로한 것이지만 그는 자기를 배반한 회사가 곧 망해 버려라라는 저주의 심정으로 그 노래를 불렀다고 한다. 그리고 그가 회사를 저주한 이유는 자기의 목을 쳤을 뿐만 아니라 자기 부하 라인을 모두 잘랐기 때문이다. 자기 부하는 아무런 죄도 없는데 그리고 자기만 쫓아내면 되지 왜 애꿎은 사람들을 모두 명퇴시켰는지 그 이유를 이해할 수 없다고 분개했다. 기업사회에서도 정치사회처럼 줄을 잘 서야하는가 보다.

이 친구가 실직으로 인한 고통을 극복하는 데는 시간이 오래 걸렸다. 다행히 내가 그 친구가 은퇴한 다음 달부터 안식년을 맞아 시간의 여유가 있었다. 그래서 그 친구를 데리고 서울 근교의 산과 관광지대를 여러 곳 찾았다. 그의 부인이 나에게 남편이 마음을 잡지 못하니 좀 바람이나 쏘이게 해달라고 간곡히 부탁했기 때문이다. 이 친구는 다행히 부인을 잘 만나 실직의 위기를 슬기롭게 극복할 수 있었다. 나중에 친구부인은 남편과 같이 산행을 시작했고 이에 맛을 들여 전국의 산을 모두 섭렵하는 전문산악인으로 변신했다.

실직 또는 명퇴의 위기를 잘 넘기는 데는 부인의 역할이 크다. 앞에서 말했지만 저자는 한국이 IMF 관리체제에 처해 많은 실직자가 발생하였을 때 이들을 돕기 위해 상담활동을 전개했다. 그 때 발견한 중요한 사실이 있다. 실직은 부부 관계에 큰 영향을 준다. 그런데 평소에 부부관계가 화목했는지의 여부가 양극단적인 방향으로 영향을 준다. 평소 부부관계가 원만한 경우, 실직은 오히려 부부간의 관계를 더 강화시킨다. 즉 위기를 벗어나기 위해 부부가 더 똘똘 뭉친다. 비온 뒤 땅이 더 굳어지는 것과 같은 이치다.

그러나 평소 부부관계가 불화했다면 실직은 부부관계를 그 반대의 방향으로 치닫게 한다. 즉 아내가 이혼을 요구하거나 가출하는 것이다. 평소 남편이 바람을 피우고 부인을 못 살게 굴고 했지만 그래도 돈을 벌어오니까 참았다. 그런데 이제 남편이 실직해 남편구실을 못하니 더 이상 참을 수 없는 것이다. 실직한데다 부인까지 가출하고 나면 실직자는 더 이상 생의 의욕을 갖지 못한다. 알콜에 탐닉하거나 홈리스 피플이 되는 길 밖에 없다.

실직의 위기를 잘 넘기기 위해서는 개인의 마음가짐과 부인의 협조가 중요하지만 경제적인 문제가 큰 관건이다. 앞에 말한 내 친구는 일찍부터 부동산 투자를 했다. 서울 및 근교에 아파트를 몇 채 가졌고 또 강남 요지에 부동산도 가졌다. 그래서 명퇴 후 강남 요지에 빌딩을 올리고 점포를 임대했다. 그래서 그 수입이 오히려 퇴직 전보다 더 많았다. 이렇게 퇴직을 당했다하더라도 생활이 궁핍하지 않으면 덜 영향을 받는다. 내가 친구에게 어떻게 부동산에 투자할 지혜를 가졌는가 하고 물었더니 그는 대기업의 이사란 주주총회에서 이름을 부르지 않으면 그 날로 바로 끝이라는 것이다. 그래서 매년 자기 목숨이 위태롭다. 그러니 미리미리 은퇴 후 생활 대책을 마련하지 않으면 안 된다. 나는 오히려 그가 전화위복이 되었다고 생각한다. 나 같은 사람은 정년이 65세로 못 박혀있기 때문에 실직위기를 느끼지 않는다. 그래서 일찍부터 재테크에 관심을 가지지 않는다. 이 때문에 저자는 이 책에서 재테크는 일찍부터 즉 '20대부터 시작하라고 권장하는 것이다.

미리 경제적으로 정년준비가 안 되어 있는 사람에게는 명퇴가 큰 위기로 다가온다. 아직 학교에 다니는 자녀가 있는 경우에는 더욱 그렇다. 특히 요즘과 같은 불경기시대에는 퇴직자가 자영업을 시작하는 것도 위험하다. 저자는 나이가 젊고 아직 혈기가 왕성한 사람에게는 외국이민을 강력히 권고한다. 캐나다나 미국은 아직은 우리나라에 비하면 꿈을 실현시킬 수 있는 드림랜드이다. 열심히 일할 의욕을 가진 사람은 국내인력시장에서 치열한 경쟁을 하기보다는 외국에 눈을 뜨면 쉽게 직장을 구할 수 있다. 고급인력이면 더 쉽게 외국에 취업할 수 있다. 반면 저급인력 즉 학력이나 기술이 고급이 아닌 사람도 오히려 외국에서 성공할 수 있다. 나는 하와이에서 건설노동자, 택시운전사 가운데 한국 사람이 적지 않은 것을 보고 놀랐다. 그리고 이들이 자기 직업에 만족하고 있는 것을 보았다. 저자는 한국택시 운전사와 같이 어울려 골프를 치곤했다.

미국에서는 샐러리맨이 되기보다 자영업을 하는 사람이 더 쉽게 성공하고 돈을 많이 번다. 그래서 장사에 뜻이 있는 사람도 한번쯤 외국에서 승부를 겨루어 볼만하다. 그러나 외국에 이민가려면 영어에 숙달해야 한다. 미리 영어를 열심히 익힌 후 이민을 추진하는 것이 좋다.

나의 친구들 중에는 명퇴 후 적응을 하지 못해 술중독자가 되고 그래서 벌써 타계한 친구도 몇 있다. 그러나 대부분은 연금을 받는 은퇴자이기 때문에 경제적인 위기를 겪지 않는다. 그런데 이들이 은퇴 후 어떻게 생활하는가를 보면 각자 서로 다르다. 우선 두 부류로 나눌 수 있다. 한 부류는 집안에 칩거하는 친구다. 일년에 한두 번 해외여행을 하긴 하지만 나머지는 그냥 집에서 지낸다. 그런데 이런 친구들은 몸이 그리 좋지가 않다. 각종 성인병에 시달린다. 예컨대 관절염, 고혈압, 심장병 등을 앓고 있다.

다른 집단은 집에 틀어박혀있지 않고 밖으로 나도는 친구들이다. 새로 미술을 시작한 친구가 그렇고 새로 대학원에 입학한 친구가 그렇다. 또 일주일에 두 차례 지방산행을 하고 박물관교실, 대학의 일반인을 위한 강좌를 열심히 수강하는 친구가 있다. 또 다른 친구는 바둑, 골프 연습장, 기타 교회의 봉사활동으로 직장 다닐 때 보다 더 바쁘다. 이런 친구들은 병이 없다. 마음도 건강하고 몸도 건강하다. 따라서 은퇴 후 생활은 가능하면 바쁘게 지내는 것이 좋다. 일을 일부러 바쁘게 만들어 잡념을 없애고 몸을 움직이는 것이 정년을 지혜롭게 보내는 방법이다.

앞에서 말했지만 나는 정년을 눈앞에 두고 있다. 얼마 전 이미 정년을 한 선배교수에게 정년 후 취해야 할 마음가짐을 물어보았다. 그랬더니 그는 몇 가지 교훈을 들려주었다. 지금 잊어버려 다 기억이 나지 않고 두 가지만 머리에 남아있다. 이 두 가지만 기억하게 된 이유는 아마 그것이 나에게 큰 교훈으로 다가왔기 때문인 것 같다. 그 교훈을 적는 것으로 이 절의 이야기를 끝내기로 한다.

교수가 정년 후 가져야 할 마음가짐은 첫째 다른 사람 앞에서 자기가 과거 교수였다는 것을 말하지 않는 것이다. 교수들이 은퇴 후에도 주위사람으로부터 교수로 떠 받들어주기를 바라는 심정에서 자기가 과거에 교수였다고 은근히 암시하는데 이것은 금물이다. 둘째 은되 후에 연금과 은행이자로 생활하는데 원금은 까먹기 마련이다. 그런데 많은 은퇴자가 원금 까먹는 것을 두려워한다. 이것은 바보 같은 생각이다. 만일 그가 원금을 까먹지 않으면 그 원금은 누구에게 가는가? 자식에게 가고 자식 좋은 일만 시킨다. 자기가 영원토록 살 것 같은 착각을 가지고 그래서 원금이 줄어들면 그 때마다 불안해하는데 이것은 현명하지 못한 마음가짐이다.

위의 두 가지 충고는 비단 교수였던 사람에게만 해당하는 것이 아닐 것이다. 고위공직자, 정치가, 기타 출세하고 성공한 모든 사람이 귀 귀울여야 할 금과옥조일 것이다.

제 **6** 장

노년기의 행복설계

노년기라 함은 대체로 65세 이후를 말한다. 에릭슨은 노년기를 통합 대 절망의 시기로 간주했다. 통합(integration)이라 함은 자기 인생에서 충만감과 만족감을 느끼는 것이다. 자기의 인생을 되돌아 볼 때 그런대로 열심히 산 인생이고 보람된 생애였다고 느끼면 통합감을 느낀다. 반대로 자기의 인생이 실패의 연속이었고 보람이 없었다고 느끼면 절망감을 갖는다.

노년기 때 행복감을 느끼는 사람은 죽음에 대해서도 초연할 수 있고 영광스러운 죽음을 맞이할 수 있다. 반면 절망감을 갖는 사람은 초조하고 죽음이 두렵다. 그러다 보니 생에 대한 과도한 집착을 한다. 예컨대 노년기에 같은 말기 암에 걸린 노인이라 하더라도 그가 노년기에 통합 감을 느끼면 그는 암을 자연스럽게 받아들인다. 이를 인정하고 차분하게 인생의 종말을 준비한다.

반면 절망감을 느끼는 노인이 암에 걸리면 이 말기 병을 받아들이지 못한다. 왜?

아직 자기는 성취한 것이 없으므로 더 살아야 한다고 고집하기 때문이다. 그는 좀더 오래 살려고 아등바등한다. 이 병원 저 병원 돌아다니며 의사쇼핑을 하고 암자나 기도원을 찾고 암에 좋다든 약은 어떻게 해서든지 구하려 한다. 즉 노추행동을 보인다.

65세 이후에는 체력이 저하되고 각종 병에 걸릴 확률이 높다. 병에 걸리면 사기가 저하되고 심한 무력감을 갖는다. 따라서 미리 병에 걸리지 않도록 유의해야 한다.

또 은퇴 후 무료한 시간을 어떻게 보내야 할지로 고민하게 된다. 어떤 사람은 새로운 공부를 시작하고, 취미생활, 봉사활동을 한다. 또 등산, 국내 및 해외여행 등으로 일정을 빡빡하게 짜는 사람이 있다. 반면 어떤 사람은 방콕 즉 방에 콕 박혀있다. 방콕족보다는 바쁘게 돌아다니는 사람이 건강하고 행복하다.

노년기는 사랑하는 사람들과 헤어지는 아픔을 겪는 시기다. 사랑하는 남편, 아내, 친구, 친척들이 연이어 사망하므로 슬프고 인생이 외로워진다. 이를 어떻게 극복하는가가 노년기 행복을 좌우한다.

노년기의 행복설계 1

새로운 배움을 시작하자

    노년기이지만 새로 배우는 것이 얼마나 즐거운 것인지를 나의 체험을 통해 이야기하고자 한다. 나는 작년 여름에 큰마음을 먹고 정구 레슨을 시작했다. 남의 충고에도 불구하고 65세 나이에 정구를 정식으로 배우는 결심을 한 것이다.

    지금까지 코치가 없이 나 혼자 정구를 쳐왔다. 그런데 이런 식으로 정구를 하는 것은 한계가 있었다. 그래서 많은 젊은 교수들이 레슨 받는 것을 보고 나도 배울까 하는 생각을 안 해 본 것은 아니나 엄두가 나지 않았다. 그 이유는 크게 체력이 달릴 것 같았기 때문이고 시간을 짜내는 것도 쉽지가 않았다.

    그러나 큰마음을 먹고 시작했다. 처음에는 하루 20분씩 중단 없

이 코치가 넘겨주는 공을 되받아쳐야할 때 그만두고 싶은 생각이
간절했다. 너무 숨이 차고 힘들었기 때문이다. 그러나 며칠이 지난
후 몸이 적응하기 시작했고 점차 레슨의 효과가 나타나기 시작했다.

며칠 전 몇몇 교수와 정구를 한 후 저녁을 같이 먹었다. 그 회
식장소에서 동료들이 나의 실력이 많이 향상되었다고 칭찬해주었
다. 이 이야기를 듣고 기분이 좋았다.

은퇴 후 기쁨 중의 하나가 무엇인가? 그것은 자신이 즐기는 것
을 새로 배우는 것이다. 사실 내가 이런 결심을 하게 된 것은 내
고교 친구 장 화백이 모델이 되었다. 그는 60세에 미술을 시작했고
65세에 러시아로 유학을 다녀왔다.

그가 러시아의 상떼페테스부르그에 유학을 가니 그곳 사람들이

모두 깜짝 놀랐다. 왜 그런가? 러시아인들은 보드카라는 독한 술을 많이 마셔서 노인들의 수명이 짧기 때문이다. 60세 이상의 노인을 찾아보기 힘들고 살아있다 하더라도 대부분 사회활동을 못한다. 그런데 65세의 노인이 미술공부를 하러 왔다니 러시아 사람들이 놀랄 수 밖에.

내 친구는 작년 11월까지 국전 출품을 위해 하루 10시간 씩 일요일을 빼고 몇 달 째 고군분투해 왔다. 그의 작업에 방해가 될까봐 11월까지는 만나는 것을 자제하였다. 며칠 전에 그는 국전에 작품을 출품하고 친구들을 만났는데 여전히 팔팔하고 의욕적이었다. 그는 노년기의 즐거움과 행복을 만끽하고 있는 것이다. 그로부터 나도 노년기에 행복을 찾는 방법 한 수를 배운 것이다. 그 친구가 고마울 뿐이다. 그 친구의 미술작품이 꼭 이번 국전에 입선하기 바란다.

또 다른 예는 나의 아내친구의 남편이다. 그는 대기업의 전무를 하다 60세에 정년을 했다. 정년 전에도 그는 활동적이어서 주말을 집에서 보내는 경우가 거의 없었다. 그런 사람이 갑자기 아무 일거리가 없으면 병나기 쉽다. 그는 금년 봄 학기에 서울 모 대학에 석사과정에 입학했다. 젊은 사람들과 배우니 더 젊어진 것 같다고 즐거워하고 있다. 은퇴 후 무료한 시간을 효율적으로 보내는 것이 아주 중요하다.

매년 정기 신체검사를 받아보자

인생의 행복은 무엇보다 장수에 있다. 오래 산 사람이 결국 승리자이다. 짧고 굵게 산 인생도 부럽지만 나는 길고 가늘게 산 사람도 부럽다. 우리의 목숨이 자신의 의지가 아니고 하늘의 뜻에 달려있다고 말하는 사람도 있지만 나는 어느 정도 우리 목숨은 자기 관리하기 나름이라고 생각한다.

내 주변에 많은 사람들이 병으로 죽었다. 요즘 말하는 평균연령 즉 여자 81세, 남자 74세(통계청 2005년 12월 발표)를 넘기지 못한 사람이 많다. 그들 중에는 우리가 예방하기 어려운 불치의 암 예컨대 췌장암으로 죽은 사람도 있다. 췌장암은 정기검진을 받아도 잘 발견되지 않는다. 위 뒤쪽에 가려져 있고 크기가 작기 때문이다. 그러나 대부분의 암 예컨대 위암, 대장암, 직장암, 유방암, 자궁암 등은 정기 검진을 통해 조기 발견될 수 있다. 따라서 암을 조기검

증받으면 그 만큼 오래 살 수 있다.

내 주위에 뇌졸중을 앓은 사람이 의외로 많다. 몇 몇 사람은 조기에 치료를 받아 죽음문턱에서 살아났고 몇몇 사람은 시기를 놓쳐 사망했다. 뇌졸중의 원인은 고혈압과 스트레스이다. 평소 고혈압과 스트레스를 잘 관리하면 이 병을 미연에 방지할 수 있다.

또 내 주위에 심근경색으로 고생한 사람도 많다. 심근경색도 조기에 치료를 받으면 간단한 수술로 치유될 수 있다. 그리고 심근경색도 평소 몸 관리를 잘하고 음식을 가려먹으면 예방할 수 있다.

위에 말한 암, 뇌졸중, 심근경색이 주로 노인기에 많이 발생한다. 그리고 이런 병에 걸리너라도 조기에 발견하면 치료해 건강을 되찾을 수 있다. 그런데 이런 병에 걸려 치료시기를 놓치고 아깝게 요절한 사람이 적지 않다. 그들은 누구인가?

대체로 자영업이나 전문직에 근무하는 사람들이 노인병으로 요절하는 경우가 많다. 그 이유는 무엇인가? 이들이 다른 사람과 달리 매년 정기종합신체검사를 받지 않기 때문이다. 반면 이런 병에 걸렸지만 조기에 발견해 치료를 받은 사람은 대부분이 직장에 다니며 그곳에서 일 년에 한 번 정기종합신체검사를 받는 사람들이다.

우리는 누가 강제로 하지 않는 한 자기가 돈을 들여 매년 정기적으로 신체검사를 받지 않는다. 수속이 번거롭기도 하거니와 병원에 가는 것을 두려워하기 때문이다. 또 암 진단의 경우는 그 방법이 수검자에게 고통을 준다. 예컨대 위암을 검진받기 위해서는 위내시경으로 검사받아야하는데 그러려면 내시경이 달린 도관을 위에 투입해야한다. 요즘에는 이 도관이 가늘어져 목구멍을 넘기는

데 큰 어려움이 없지만 그래도 좀 역겹기는 마찬가지다.

또 우리는 자기 자신의 신체에 대해 낙관적으로 생각한다. 나에게는 병이 없고 병이 생기면 내가 제일 먼저 이를 몸으로 느낀다고 생각한다. 그러나 그런 생각은 착각이다. 자기 몸의 이상을 스스로 발견할 수 없거니와 발견할 수 있다고 해도 그 때는 이미 시간이 늦은 상태다.

왜 일본에서 전 국민이 암 조기 진단을 받고 이를 국가에서 장려하는지를 이제 나는 이해할 것 같다. 노인기에 수명을 다 하지 못한 사람은 대부분이 정기신체검사와는 거리가 먼 사람들이다. 반면 정기신체검사를 받는 사람이 오래 산다.

얼마 전까지만 해도 일반인이 매년 정기신체검사를 받으려면, 특히 각종 암 검사를 하려면 비용이 꽤 많이 들었다. 그러나 최근 국민건강보험법이 개정되어 금년부터는 일반인이 5가지 중요한 암 검사를 받을 때 그 비용 50%를 건강보험공단에서 부담한다고 한다. 그러므로 원만한 사람이면 금년부터 약간의 경비를 자비로 하여 암 검사를 받을 수 있다.

나도 금년 5월경부터는 매년 정기신체검사를 스스로 병원에서 받을 것이다. 지금까지는 나의 직장과 국민건강보험공단에서 번갈아가며 매년 정기신체검사를 해주었다. 그러나 금년 2월에 내가 정년퇴직했기 때문에 이젠 내 스스로 나의 신체를 금년 검사받아야 한다. 노년기 행복의 가장 중요한 결정요소는 건강하게 그리고 오래 사는 것이다. 그리고 그 확실한 방법의 하나는 매년 정기신체검사를 스스로 받는 것이다.

장수의 비결을 새겨두자

최근 서울대 노화방지연구소에서 한국의 장수인에 관한 연구결과를 발표했다. 한국인 중 90세 이상인 사람을 몇 년 전부터 조사해 왔다. 재미있는 사실은 장수인이 매년 배로 증가한다는 사실이다. 불과 몇 년 전만해도 백 명 안팎이었는데 몇 년 사이로 8백 여 명에 달한다.

밝혀진 연구결과를 보면 장수촌이 따로 있는 것으로 나타났다. 크게 두 군데가 있는데 하나는 전라남도 지역이고 다른 하나는 강원도였다. 전남에는 할머니들이 많았고 강원도에는 의외로 적지 않은 할아버지가 장수하고 계시다.

전남의 할머니들은 일찍 과부가 된 분이 많았다. 여자가 남자보다 수명이 평균 8살 정도 많다. 그래서 전남의 할머니들이 할아버지보다 장수하는 것은 당연하다. 그런데 과부들이 장수하는 것은 우리나라만의 특이한 결과다. 저자가 생각하건데 과부들이 남편의 시중으로부터 벗어나고 자유로워졌기 때문이 아닌가 그래서 스트레스가 없어 오래 사는 것이 아닌가 생각된다. 그러나 앞에서 이야기했지만 부부간에 금슬이 좋았던 경우 배우자의 사망은 생존한 사람에게 큰 충격을 준다.

한편 강원도에 할아버지들이 장수하는 곳에 가보면 의외로 첩첩산중에 사는 분이 많다. 첩첩산중이라 자주 걷고 움직일 수밖에 없다. 그리고 이 할아버지들의 특징은 아직도 가정경제권을 자신이 움켜쥐고 있다는 것이다. 즉 곳간의 열쇠를 절대 며느리나 할머니에게 넘겨주지 않고 있다는 것이다. 가정에서의 헤게모니 역시 장수비결 중에 하나인 것 같다.

일본의 90세 이상 고령자를 조사한 연구결과도 대충 한국결과와 비슷하게 나왔다. 일본도 장수촌이 두서너 군데로 나누어지고 있다. 장수촌이 지역적 특징을 갖고 있다는 연구결과는 장수가 오염되지 않은 환경과 관계가 있음을 시사한다. 즉 공기 좋고 물 맑은 곳에 사는 사람이 오래 산다. 또 이들은 채식과 육식을 골고루 섭취하고 의외로 술을 마시는 사람이 적지 않다. 스트레스를 갖지 않는 삶이 장수비결인 셈이다.

서울대 장수연구자는 연구를 통해 다음과 같은 비결을 공개했다.

첫째. 자주 움직여라. 자주 걷는 사람이 오래 산다.

둘째. 주위사람과 어울리고 적응하라. 외고집을 피우지 말라.

셋째. 독성이 없는 것을 섭취해야 한다. 공기, 물, 음식을 가릴 것.

넷째. 감성이 있어야 한다. 느끼고 감정을 표현한다. 자주 웃어라.

다섯째. 생각을 해야 한다. 세상 돌아가는 것에 관심을 갖고 생각을 많이 한다.

한편 외국연구를 살펴보자. 장수의 세계적 권위자인 앤드류 웨일 박사는 '자연스럽게 늙어가기'(Time, 2005년 10월 17일 자)라는 글에서 우아하게 늙어가는 방법을 제시했다. 우아하게 늙어가는 방법의 최상의 방법은 '노화가 불가피함(inevitability)을 수용하는 것이다'라고 말했다. 또 어떤 연령에서든 우리가 가장 건강한 상태를 유지하기 위해 노화에 적응해나가는 것이 필요하다고 말했다.

웨일은 노화를 방지하고 수명을 연장하는 방법은 따로 없다고 주장한다. 그는 나이를 먹음에 따라 그리고 노인기에 도달함에 따라 발생하는 문제를 최소의 손실(deficit)과 최소의 불안으로 받아들이는 것 즉 학술적 용어로 말해 사망률을 낮추는 것이 건강하게 늙어가는 것의 목표라고 말했다. 그는 우리가 노화를 방지하기 위해 성형 수술하는 것, 수명연장용 약을 복용하는 것은 쓸데없는 짓이라고 말했다.

그는 우아하게 늙어가기 위해서는 노년기에서 얻을 수 있는 이득을 찾고 이를 만끽하는 것이 중요한데 그것은 지혜, 성격이 원만해짐, 고난과 고통을 유연화 하는 것, 모순성을 증발시키는 것, 그리고 진실한 가치에 전념하는 것이라고 말했다. 즉 그는 에릭슨이 말하는 통합이라는 철학을 노년기에 우리가 배우고 이를 실천해야 한다고 생각하고 있다.

웨일은 노년기에 건강하려면 크게 두 가지를 조심해야한다고 역설한다. 한 가지는 금연인데 이는 특히 30~40대부터 실천해야 한다고 말한다. 그렇지 않으면 노년기에 각종 성인병과 암을 갖게 된다는 것이다. 두 번째는 과체중이다. 그는 비만을 크게 두 가지로 분류하는데 치명적 비만은 자기 표준체중보다 50kg 이상 더 나가는 사람이다. 이 사람은 심장혈관 질환, 2종 당뇨, 골관절염에 걸린다. 일반 비만은 표준보다 20%가 과체중인 사람을 말하는데 이 사람은 위의 질병에 약하게 걸리며 다음과 같은 암의 발생률이 높다. 폐경기 유방암, 자궁암, 결장암, 신장암, 식도암.

가장 적당한 체중에 대한 기준은 없다고 한다. 이것은 시대에 따라 그 기준이 왔다갔다하는데 너무 마르고 날씬한 사람은 다소 몸이 아프고 건강한 노년기를 보낼 수 없기 쉽다. 다소 과체중이지만 중년기 사람에 적합한 체중이 오히려 더 건강하고 더 오래 살 가능성이 높다.

웨일 박사는 더 구체적으로 건강한 노년기를 보내기 위해 주의
해야할 점을 몇 가지 항목에 따라 기술했다. 이를 간추려 보자. 운
동은 자기 취향에 따라 여러 가지를 할 필요가 있지만 너무 과격
한 운동은 피하는 것이 좋다. 대체로 걷기는 빠른 정도로 하루 40
분 정도, 일주일에 4회가 적당하다. 휴식이 꼭 필요하다. 휴식은 아
무것도 하지 않고 쉬는 것을 말한다. 하루 20분에서 1시간 정도 낮
잠을 자는 것도 좋다. 잠은 너무 일찍 자는 것을 피해야 한다. 왜
냐하면 일찍 자면 그만큼 일찍 일어나기 때문이다. 해가 완전히 질
때까지 저녁을 늦게 먹거나 초저녁에 어떤 취미활동을 하여 늦게
자는 깃이 좋다. 노년기에서도 왕성히게 성행위를 하는 사람이 많
다. 사람은 접촉욕구가 꼭 필요하다. 문제는 독신이거나 배우자가
성행위에 관심을 잃은 경우다. 부부가 서로가 어떤 식으로 접촉하
는 것이 좋은가를 서로 토의할 필요가 있다.

그는 신체적 건강뿐만 아니라 정신적 건강이 중요함을 역설했
다. 스트레스를 피하는 방법, 요가, 선 불교 등이 정신적 건강에 필
요하다. 특히 노년기에는 정신적인 유언을 써둘 필요가 있다. 이것
은 자신의 인생경험을 후손에게 남겨두는 것이다. 자신의 과거도
되돌아볼 겸, 자신이 노년기에 터득한 지혜, 생활관, 가치관을 후손
에게 전달하는 것은 노인 개인 자신은 물론 후손 그리고 우리 사
회에 필요한 정신적 유산이 된다.

노년기의
행복설계 *4*
훌륭한 부모되기(3)

　부모 나이가 60세가 넘으면 자녀가 대부분 결혼한 경우가 많다. 아들인 경우는 다소 결혼이 늦어 아직 미혼인 경우도 있지만. 자녀가 모두 출가하고 나면 집안은 소위 빈 둥우리가 된다. 즉 두 양주만 남아 집을 지킨다. 자녀들이 가끔씩이나마 부모를 찾아오기를 바라지만 바쁘다는 핑계를 대고 잘 찾아오지 않는다. 그러면 부모들은 자녀를 원망한다. 자기들을 어떻게 키웠는데 부모의 은공을 모른다고 불평한다.

　손자손녀를 가진 노인들은 손자손녀가 눈에 밟힌다고 한다. 특히 자식부부가 둘 다 직장을 가져 손자손녀를 맡아 키운 사람은 아이들 재롱이 보고 싶어 안달한다. 그런데 좀처럼 자식부부들이 찾아와 주지 않는다. 그런 경우 어떻게 할 것인가?

　찾아오기만 기다리지 말고 자식부부를 찾아 나서는 것이 좋다.

목마른 사람이 우물을 먼저 파기다.

노년기의 부모역할을 잘못하는 사람이 많다. 많은 사람들이 얼마간 재산이 있으면 이를 미리 자식에게 상속한다. 상속세가 워낙 비싼 관계로 아들과 딸이 결혼할 때 미리 집을 팔아 자식들이 결혼해 분가할 때 보태주는 사람이 많다. 그러나 이것은 잘못된 생각이다. 돈이 있다고 해서 미리 자식에게 유산상속을 많이 해주는 것은 자식에게 독배를 건네주는 것이다. 자식은 공짜로 들어온 돈 때문에 직장에 그리고 사업에 혼신을 다 하지 않는다.

한국이 국제통화관리기금체재하에 있을 때 이자율이 무척 높아누 자리 수었나. 그래서 이 때 은퇴한 교수 중에 매월 연금을 받는 대신 일시불로 받아 은행에 저금을 하고 그 이자로 생계를 꾸려나간 사람이 더러 있다. 그런데 이 때 우리 사회의 구조조정바람이 불어 젊은 회사원들이 명퇴를 많이 했다. 따라서 은퇴한 교수들 중 자식이 해고를 당한 경우가 있었다. 이들은 자식들이 장사를 한다고 사업자금을 빌려달라고 조르는 통에 은행 예금을 몽땅 털렸다. 그래서 어렵게 생활하는 퇴직교수가 생겨났다. 이런 사례를 알고 난 후 교수들 세계에서 정년할 때 절대로 일시금으로 연금을 타지 말라는 조언이 떠돌게 되었다.

자식도 부모로부터 무엇인가 얻어먹을 것이 있어야 자주 찾아온다. 그러므로 자식과 손자손녀를 자주 보고 싶으면 절대로 유산을 일찍 상속해서는 안 된다. 죽는 날까지 어느 정도 현금을 움켜쥐고 있어야 한다. 그래서 손자손녀가 왔을 때 세뱃돈과 용돈을 듬뿍 집어줄 수 있어야 한다. 또 늙을 수록 돈이 필요하다. 파출부도 필요하고 병원에 입원하면 간병인도 써야 한다.

엔드류 웨일 박사는 그가 쓴 '건강한 노년'(Healthy aging)이란 책에서 정신적 유서를 자식에게 써두기를 권장하고 있다. 보통 유서라 함은 자식에게 재산상속에 관한 내용이다. 그런데 그는 그런 유서를 쓰기보다는 자식에게 평생 살아서 터득해온 자신만의 경험, 생활관 그리고 지혜 즉 정신적 유서를 써놓으라고 한다. 유태인들은 이런 정신적 유서를 이미 1000년 전부터 써왔고 이것이 자자손손 상속되어 왔다고 한다. 그래서 유태인 사회에서 자식을 가르치는 명언이 많이 전해 내려오고 있다. 모두들 다 익히 아는 바이지만 내가 가장 좋아하는 유태인 명언은 다음과 같은 것이다. '자식에게 생선을 먹는 방법만 가르쳐서는 안 된다. 자식에게 생선 잡는 방법을 꼭 가르쳐야 한다'.

나도 자식에게 재산상속에 관한 유언 대신 정신적 유서를 써두려고 한다. 한 번에 딱 써서 봉인해둘 생각은 없다. 대충 써놓고 매년 또는 새로운 지혜를 얻는 경우, 그 내용을 첨가하고 바꿀 것이다. 미리 언젠가 한번 이 유서를 써둘 생각이다.

노년기의 행복설계 5
봉사활동의 기쁨

그동안 우리 사회에 많은 변화가 일어나 나의 친구 중 60도 안 된 나이에 은퇴를 한 친구들이 많다. 그 중에는 국제통화관리기금 체제 때 구조조정을 당해 50대 중반에 회사를 그만둔 친구도 있다. 중고등학교 교사였던 친구는 본래 65세까지 정년이 보장되었다. 그러다 갑자기 62세로 정년이 낮추어지고 명퇴제도가 생기면서 그들도 일찍 정년퇴직을 해버렸다.

은퇴 후 이들은 남아돌아가는 무료한 시간을 때우느라 애를 많이 먹었다. 그러나 얼마안가 곧 적응했다. 그들 나름대로 여가를 즐기는 방법을 터득한 것이다. 한 친구는 베테랑 등산인이 되었다. 전국의 산들을 모두 정복하는 기염을 토했다. 그리고 박물관에서 주최하는 역사문화강좌도 열심히 신청하여 수강한다.

어떤 친구는 운동을 즐긴다. 주로 골프를 하는데 국내외로 골프

여행을 다닌다. 등산가가 된 친구나 골프를 즐기는 친구들은 모두 나이에 비해 건강하다. 운동 탓이다. 초로의 신사들이면서 혈기왕성하게 돌아다니는 친구들을 보면 역시 은퇴 후 인생에서 중요한 것은 운동임을 깨닫게 된다.

은퇴한 친구들이 공통적으로 갖는 행사는 해외여행이다. 운동을 하는 친구든 아니면 방에 콕 박혀있는 '방콕' 친구든 간에 이들이 공통적으로 하는 일은 해외 그룹투어를 다니는 것이다. 그런 친구들을 보면 나도 빨리 정년하고픈 생각이 든다. 친구들이 한결같이 노후를 위한 재테크를 잘 해서 모두들 해외여행을 하는 여유가 생긴 것이다.

그러나 이들이 아무리 자주 골프를 치고, 등산을 하고 해외여행을 해도 그것을 일년 365일 하는 것은 아니다. 그러므로 역시 은퇴한 사람에게는 남아돌아가는 것은 시간뿐이다. 그리고 이들에게는 이 남아돌아가는 시간을 어떻게 유효적절하게 이용할 것인가가 늘 고민꺼리다.

사람이 무엇을 하면 즐거운가에 관해 시중에 떠돌아다니는 이론이 많다. 여기저기서 들은 이야기를 몇 개 읊어보자. 하루가 즐거우려면 낮잠을 즐겨라. 일주일 동안 그러려면 이발을 해라. 6개월 동안 즐거우려면 결혼을 해라. 그리고 일년 간 행복하려면 새집으로 이사를 가라. 대충 이런 내용이다.

금년 가을에 연세대학에서 연세대학 자원봉사단을 출범시켰다. 그간 교내의 교직원, 학생들이 뿔뿔이 자기 나름대로 조직해 봉사활동을 하던 것을 한데로 모은 것이다. 그래서 서로 정보를 교환하고, 협동을 모색하자는 것이다. 출범식 때 초청한 한 외부강사가 앞에서 말한 바와 같은 행복론을 펼치면서 다음과 같이 끝을 맺었다. "그러나 평생 즐거우려면 봉사활동을 해라".

나도 그의 말에 동감한다. 다른 활동을 하면서 보람을 느끼지만 중요한 행복의 원천 중 하나가 봉사활동을 하면서 얻는 기쁨이다. 나의 봉사활동은 최근에 시작되었다. 본래 학자들은 이기적인 면이 있다. 그런데 그런 측면은 어느 정도 교수가 하는 특수한 작업에서 잉태된다. 교수란 혼자서 열심히 공부하는 것이다. 물론 공동연구가 없는 것은 아니지만 이것은 그리 자주 하는 것이 아니다. 자기 혼자 연구실에 남아 연구에 몰두해야 한다. 그러다보니 자기 일, 자기 공부에만 전념하고 그래서 이기적이 된다.

나도 40년간을 이런 식으로 살다보니 봉사활동에 관해서는 무심했다. 그것은 돈이 있는 사람, 이타적인 사람만이 하는 것으로 생각해 왔다. 그러다 집 사람이 카톨릭 신자가 된 후 친구들과 여러 종류의 봉사활동을 하는 것을 보고 이에 관심을 갖게 되었다. 아내가 그동안 해온 봉사활동은 장애아동과 같이 공부하기, 말기환자들에게 기도해주기, 요양원, 치매병원 시설 돕기 등이다. 자신이 몸으로 떼울 수 있는 것은 스스로 하고 돈이 많이 드는 것은 능력 있는 친구들에게 전화를 해 도움을 청한다. 그러면 친구들이 마다하지 않고 성금을 보낸다.

아내와 아내친구들이 하는 봉사활동을 보면서 이들을 우러러보게 되었다. 나보다 공부도 덜 하고 사회적으로 무명초인 이들이 열심히 남을 돕는 것이다. 그러면서 죄책감이 들기 시작했다. 그러던 차 2년 전 평소 알고 지내던 무악동 평화의 집을 운영하는 박문수 신부님이 나에게 도움을 청해 왔다. 그곳은 빈곤층이 많이 거주하는 곳이고 그래서 신부님이 IMF 관리체제 때 이들을 돕기 위한 몇 가지 프로그램을 운영했다. 그런데 빈곤층을 만나보니 가정문제, 부부문제로 고민하는 사람이 많았다. 그래서 나보고 이들을 좀 도와달라는 부탁이다.

그러나 그 때는 한창 내가 바쁜 때라서 나 대신 제자를 파견했다. 그리고 얼마 후 내가 관여하는 '바른 사회 시민회의'에서 나에게 '바른 사회복지운동 본부'의 장을 맡겨주었다. 이것은 내가 직접 챙겼다. 먼저 내가 바쁜 시간 중에 할 수 있는 것을 하기로 했다. 그래서 인터넷 상담을 시작했다. 내가 연구실에서 짬짬이 시간을 내어 인터넷을 통해 상담을 해주면 되기 때문이다. 처음에는 분야를 몇 개로 나누어 몇 분의 전문가와 함께 시작했다. 전문성을 살리기 위해서이다. 그러나 인터넷 상담소의 문을 열자 곧 사람들이 몰려들지는 않았다. 드문드문 사람들이 찾아와 상담을 요청하는 것이다. 그러다보니 상담자가 자주 인터넷을 열어보게 되지 않게 되었다. 피상담자가 오랜만에 인터넷에 상담을 요청했는데 상담자가 인터넷을 열지 않아 제 때 상담을 해주지 못하는 불상사가 자주 생겼다. 그래서 상담을 하나로 통일하여 내가 모두 맡기로 결정하고 본격적으로 이에 매달렸다. 그 결과 몇 개월 후부터 상담이 자주 인터넷에 떠오르게 되었다. 2년이 채 되지 않았지만 상담건수가 지금까지 500여회에 이르고 있다.

지금은 평화의 집에서 하는 현장상담도 내가 맡고 있다. 앞에 말한 제자가 병원에 레지던트로 취업하는 바람에 공석이 생겼다. 도와줄 사람을 찾기도 어렵고 또 이젠 내가 정년을 얼마 안 남겨 시간적 여유가 생겼기 때문이다. 나의 상담이 성당주보에 소개되고 또 나의 활동이 매스컴에 보도된 이후 무악동이 아닌 서울 각지에서 상담요청이 들어오고 있다.

2년 전부터는 연세대에 봉사과목이 개설되었다. 학생들이 한 학기 동안 매주 2시간씩 도합 30시간을 봉사하면 1학점의 학점을 수여하는 것이다. 박문수 신부님이 무악동에서 공부방을 운영하셨고 그것이 지역사회에 많은 도움을 주었다고 말했다. 그래서 나는 학생사원봉사사를 모아 공부방에 보낼 생각을 하게 되었다. 그래서 내가 용기를 내어 봉사과목을 개설하기로 했다. 몇 명을 요청할까 고민하다 용기를 내어 50명 정원을 신청했다. 학교 측이나 나나 처음 시도하는 것이라 과연 정원을 채울 수 있을까 하는 의구심이 생겼다. 그러나 수강신청을 받아보니 50명이 넘었다. 이들에게 오리엔테이션을 하고 8군데 공부방과 두 군데 봉사활동단체에 학생들을 파견했다. 이 강좌를 개설한지 어언 세 학기가 지났고 내가 정년퇴직한 2006년 1학기에도 이 과목을 개설했다. 정년 후 연세대 심리학과 교수들은 제자들에게 기회를 주기 위해 시간강사를 맡지 않기로 결의했다. 그래서 나도 정년 후 심리학과에 얼씬거리지 않기로 했다. 그러나 연세대 수업과에서 내가 이 강의를 계속하도록 배려해 정년 후에도 이 과목만은 내가 지도하기로 되었다.

학생들을 봉사하는 곳으로 파견하고 그곳의 책임자를 만나면서 나의 봉사활동에 관한 지식이 점차 늘어갔다. 더불어 저소득층에 관한 관심도 생겼다. 이것이 인연이 되어 작년 봄에 '가난의 대물림을 어떻게 예방할 것인가'라는 제목의 책을 출간했다. 학교로부터 소규모의 저술연구비를 받아 제자들과 저소득층에 관한 조사를 하고 이를 토대로 책을 출판한 것이다.

나는 직접 인터넷 상담, 현장 상담을 통해 적지 않은 사람과 교류할 수 있었다. 이들을 상담하면서 저소득층에 대한 나의 기존 생각이 많이 달라졌다. 전에는 내가 '빈곤층은 게으르고 문제가 있는 사람이다'라고 생각했다. 그렇게 된 이유는 우리나라가 경제가 잘 될 때엔 일할 사람이 없어서 기업체에서 난리를 쳤기 때문이다. 그러므로 가난한 사람은 그가 열심히 일하지 않기 때문에 가난한 것이었다. 그러나 IMF 관리체제 이후, 그리고 정부가 잘못 마련한 신용카드 정책 때문에 멀쩡한 사람이 파산한 경우가 많았다. 이들은 나와 별반 다르지 않은 사람들이다.

최근 미국에서도 사회심리학자들이 크게 반성하고 있다. 그동안 자신들이 주로 중류층에만 관심을 두고 이들을 토대로 연구를 해왔는데 이는 반쪽의 심리학이란 것이다. 또 그들은 빈민층과 저소득층에 대해 저자가 가졌던 것과 같은 잘못된 편견을 갖고 있음을 깨닫고 이를 반성하기에 이른 것이다. 앞으로 심리학자가 저소득층에 대해 관심을 갖고 이들을 대상으로 많은 연구를 해야 된다고 이들은 외치고 있다.

나는 정년 한 사람 그리고 노인층에게 자원봉사할 것을 강력히 권고한다. 자원봉사가 꼭 자기 돈을 들여서 하는 것만은 아니다. 경제적으로 빈곤한 사람을 돕는 것도 필요하지만 정작 이들이 필요로 하는 것은 돈보다는 자기들을 이해하고 격려해주는 사람들이다. 또 자원봉사를 꼭 저소득층에 한정할 필요도 없다. 주변의 비행청소년이나 학생들을 위한 자원봉사도 가능하다. 예컨대 어떤 학교와 선이 닿으면 그곳에서 상담을 필요로 하는 학생을 대상으로 상담활동을 할 수 있다. 청소년이 겪는 갈등을 우리 역시 겪어보았기 때문에 이들에게 좋은 멘토 역할을 할 수 있다.

자원봉사를 하면서 가지는 크나큰 보람과 기쁨은 내가 필요로 하는 사람에게 도움을 주었다는 사실이다. 예컨대 나의 상담을 통해 자신의 문제가 무엇인지, 그리고 갈등을 갖고 있는 사람과 어떻게 대화해야 할지에 관해 해법을 알게 되어 고맙다는 이야기를 들을 때 나는 학교에서 가르치는 보람 못지 않은 황홀한 보람을 만끽한다. 시간이 남아돌아간다고 생각하는 사람에게는 어떤 종류의 활동이든 봉사활동을 하라고 권고하고 싶다. 자신도 보람을 느끼고 도움을 받는 사람이 감사해 할 것이다. 그리고 이것이 행복한 노년기를 보내는 한 방법이기도 하다.

새로운 행복관을 찾아보자

지금까지 저자가 말한 행복설계를 보면 이 설계는 어느 정도 우리가 돈을 잘 벌고 출세하고 성공하는 것을 강조한 설계라고 생각할 독자가 많을 것이다. 나도 이것을 부정하지는 않는다.

행복에는 크게 두 가지 이론이 있다. 하나는 욕구충족이론이다. 이 이론은 우리가 갖는 여러 가지 욕망 예컨대 물질적, 성적, 성취 욕망을 충족할 때 만족을 느끼고 행복하다는 것이다. 이 이론이 틀린 것은 아니다. 우리가 어느 정도 의식주를 해결하고 취미생활 또 여가를 즐길 수 있으면 행복하다. 그리고 출세하고 성공하면 보람을 느낀다.

행복의 또 다른 이론은 정신적 안락 및 만족에 중점을 두는 것이다. 돈 많고 성공한 사람이 반드시 행복한 것은 아니다. 우리가 갖는 마음의 평화와 안정이 행복을 가져다준다. 그런데 이런 정신적 만족은 부귀와 영화와는 무관하다. 선진문명국이 너무 과학과 기술을 중시하다보니 자기 자신을 돌아보고 인생의 의미를 생각해 볼 겨를이 없었다. 그러다보니 인간살이가 삭막해지고 불안해진다. 그래서 최근 미국에서 불교에 대한 연구가 활발해 지고 있다. 불교 는 다른 어느 종교보다 삶의 의미, 정신적 만족을 찾는 데 도움을 준다.

불교에서는 우리의 백팔 번뇌는 우리 모두가 그 무엇에 집착하 기 때문에 생기는 것이라고 한다. 물질, 출세, 성공, 자녀교육에 우 리가 집착하다보니 욕심이 커지고 그 욕심을 채우려 아등바등하기 마련이다. 그러다 보니 우리 삶이 고달파진다. 욕망은 힌이 없고 이 때문에 자신을 더 괴롭히기 마련이다.

젊었을 때는 물질적 충족을 위한 행복설계가 필요할지 모르지 만 노년기에는 정신적 안락을 위한 행복설계가 필요하다. 그래서 우리는 불교에서 가르치는 설법을 공부할 필요가 있다.

정신적 안락을 위한 설계는 꼭 불교의 어려운 설법을 배워야만 하는 것은 아니다. 행복연구자들이 연구한 하향이론을 잠깐 공부해 도 된다. 하향이론을 자세히 설명하기 전에 이해를 돕기 위해 한 예를 들어보기로 한다.

내가 아는 사람 중 꽤 잘 사는 친구가 있다. 이 친구는 아버지 가 부자다. 그래서 형제들이 부모로부터 재산을 물려받아 모두 잘 산다. 그런데 이 친구만 직장에 다니다 일찍 퇴직해서 놀고 있다. 부모가 아직도 재산이 많은지라 그에게 생활비를 꼬박꼬박 보내주 는데 그 생활비로 충분히 상류생활을 할 수 있다. 그런데도 이 친

구는 불평이 많다. 특히 명절이나 제사 때 형제자매들을 만나면 뾰
루퉁해져 귀가한다. 왜? 자기 형제들은 모두 벤츠 외제차를 몰고
다니는데 자기만 국산차라는 푸념이다. 그러나 그의 차는 그랜저이
고 그는 평균 4년마다 차를 바꾼다.

　우리가 자신을 상향 비교하는가 또는 하향 비교하는가에 따라
우리의 행복이 달라진다. 위에 말한 나의 친구는 실제로는 나보다
더 잘 살면서 나보다 불행한 이유는 그가 자기의 처지를 더 잘 사
는 형제들과 비교하기 때문이다. 그가 만일 그의 친구들 특히 나와
비교한다면 행복을 느낄 것이다.

　나는 선불교 또는 불법에서 말하는 철학을 잘 모른다. 그러나
아마도 그 중심사상 중의 하나가 욕심을 버리고 하향비교를 하라
는 말일 것이다. '우리가 자기 위를 쳐다보면 한이 없고 기분만 나
쁘다. 그러나 나의 밑을 쳐다보면 위안이 되고 자부심을 갖는다',
대충 이런 이야기일 것이다.

　노년기에 이르면 누구나가 미래를 바라보고 살기보다는 자기가
살아온 인생을 회고하면서 살기 마련이다. 이 때 많은 사람들이 아
쉬움과 후회를 갖는다. 왜냐하면 성공하고 출세한 사람보다는 그렇
지 못한 노인이 더 많기 때문이다. 그러나 이때 우리가 자기의 과
거를 너무 평가절하 할 필요는 없다. 그런다고 자신의 과거가 다시
쓰여지는 것은 아니기 때문이다. 과거를 회고할 때 무욕지심, 하향
비교의 태도로 회고할 필요가 있다. 그러면 어느 정도 자신을 긍정
적으로 보고 자부심을 느끼게 된다. 또 가능하면 실패한 것은 이제
잊어버리고 성공하고 남을 위해 애쓴 것을 중심으로 회상하면 좋

다.

　에릭슨이 노년기에 자기 인생에 대한 회고에서 불만족하면 절망감을 느낀다고 말했다. 그런데 우리가 이런 식의 절망감을 느끼면 어떤 결과를 가져오는가? 내 주위의 한 비근한 예를 들어보자.

　내 친구 중 젊었을 때 정말로 열심히 산 친구가 있다. 그는 유수한 건설회사에 입사했는데 그 회사가 1970년대 한국에서 중동건설바람이 불 때 그곳에 진출했다. 중동은 사막지대라 작업환경이 아주 열악하다. 그래서 몇 년 일하면 국내로 다시 귀환시킨다. 그러나 그는 스스로 자청해 연장근무를 했다. 높은 해외수당을 벌기 위해서나. 그래서 그는 젊었을 때 중동에서 많은 돈을 벌어 금의환향했다. 귀국해서 직장을 그만두고 독자 사업을 시작하였다. 어느 부동산 상가건설에 투자했는데 그만 사기꾼을 만나 많은 돈을 잃었다. 그러나 그는 재기를 노렸다. 그래서 석유제품회사를 차렸다. 그런데 운이 나빠 경기가 하락하는 바람에 거기서 완전히 돈을 털렸다.

　그 친구가 사업에 실패한 후에도 친구와는 몇 번 같이 술자리를 했다. 그러더니 어느 때부터 더 이상 모임에 나오지 않게 되었다. 아마 자격지심 때문이리라. 그런지 후 얼마 후 그가 나의 연구실로 전화를 했다. 어떤 큰 시의 시장공채 공고가 나왔는데 가만 생각해 보니 자기가 적격이란다. 그런데 채용구비서류를 보니 자신이 시장이 되면 어떻게 시를 운영하겠다는 계획을 써야한다. 그런데 네가 글 솜씨가 나보다 좋으니 대신 써달라는 것이다. 나는 그 이야기를 듣고 그에게 그 자리는 이미 정해진 자리일 것이다. 그렇게 중요한 자리는 이미 여당이나 야당에서 미는 사람이 있을 것이고 너에게 돌아갈 자리는 아니라고 충고했다. 그랬더니 뾰루퉁해 그만 전화를 끊어버렸다.

왜 나의 친구가 노년기에 이렇게 엉뚱한 행동을 하고 다니는가? 자기의 인생을 회고해보니 모두 실패라는 생각이 들고 그러다 보니 초조해지기 시작한 때문이다. 그리고 이 절망감에서 탈출해야겠다는 충동이 싹텄기 때문이다. 물론 이 친구가 절망감을 느끼는 것을 나는 충분히 이해한다. 그러나 그렇다고 그가 어떤 새로운 시도를 하기에 지금은 그렇게 적절한 때가 아니다. 그는 그동안 술을 많이 마셔 심신이 지쳐 있었다. 지금은 마음의 안정을 찾을 때이다. 마음에 안정을 찾기 위해서는 무욕의 철학, 하향비교의 태도를 가져야한다. 그가 비록 노후를 여유있게 보낼 처지는 아니지만 아직 그에게는 사랑하는 아내와 자식들이 있다. 가족이 그의 건강을 염려하고 있다. 불치의 병에 시달리는 사람이 얼마나 많은가? 그리고 가족, 친구로부터 외면당해 외로운 삶을 사는 사람도 있지 않은가? 그에 비하면 아직 그는 행복한 사람이다. 다만 행복을 느끼는 데 필요한 철학이 부족한 것이다.

정리한다면 노년기에는 정신적 안락을 도와주는 설법, 종교서적, 인생론 등을 듣고 공부할 필요가 있다. 그리고 그 철학과 삶의 태도를 실천해 볼 필요가 있다. 노년기에는 건강만 하면 그렇게 많은 돈이 필요 없다. 간소하게 살고 검소한 생활을 하는 것이 오히려 장수의 비결이고 훌륭한 삶인 것이다. 우리는 노년기에 두 번째 행복이론 즉 정신적 안락에 관한 이론을 공부할 필요가 있다.

두 노년기의
행복설계 **7**
영광스러운 죽음을 설계하자

지금까지 저자가 각 연령대별로 말한 행복설계를 잘 한 사람은 죽음을 영광스럽게 맞이할 수 있다. 즉 그런 사람은 에릭슨이 말한 대로 인생이 원만하고 노년기에 가서 통합감을 느낄 것이다. 즉 그런대로 자기의 인생이 의미가 있었고 보람이 있었다라고 생각할 것이다. 그래서 다가올 죽음이 불안하지 않고 담담하게 느껴진다. 반면 행복설계에 실패한 사람들은 초조하고 불안하다. 아직 자기가 죽음을 마지 할 준비가 되지 않았다고 생각한다. 그래서 죽음을 받아들이지 못하고 살려고 발버둥치며 가족을 못살게 군다.

행복설계에 실패한 사람은 어떻게 할 것인가? 솔직히 말해서 뚜렸한 방법은 없다. 예컨대 자기가 자기 인생을 평가해서 나온 학점이 만일 F학점이라면 이를 부인할 수는 없다. 그러므로 자기 인생에 보람을 느끼고 자족하라고 말할 수는 없다. 단 한 가지 방법은 있다. 그것은 인생을 초월하는 새로운 철학이나 종교관을 가지라는 것이다. 그러나 이것이 말이 쉽지 그렇게 간단하게 터득될 일은 아니다. 이외에 심리학자를 만나 도움을 받을 필요가 있다. 즉 자신에 대해 그리고 자기인생에 대해 환멸을 느끼고 우울한 사람은 정신과 의사나 심리학자를 만나 도움을 받아야 한다. 약물치료도 좋고 심리요법도 도움을 줄 것이다.

아무리 우리가 행복설계를 잘하고 또 이에 성공했다고 하더라도 마지막으로 우리가 영광스럽게 죽을 수 있으려면 고통이 없이 죽어야 한다. 고통이 없이 죽는다는 것은 자연사하거나 병이 들더라도 고통이 없는 병으로 죽는 것이다. 그러나 이런 행복설계는 사실 우리의 의지로 결정되는 것이 아니고 신의 뜻이라는 것이 문제다.

친구나 가족 중에 췌장암으로 죽은 사람이 몇 명 있다. 장인과 친구 두 명이 이 병으로 작고했다. 그런데 장인과 친구 한 명은 암으로 인한 신체적 고통이 뒤따랐다. 그래서 병원에서 몰핀 주사를 맞았고 점점 그 몰핀 주사의 강도가 높아졌다. 그런데 이상하게도 한 친구는 숨을 멎을 때까지도 고통을 못 느꼈다. 그가 같은 췌장암으로 판명된지 후 5개월 후 작고했지만 고통없이 비교적 행복하게 죽었다.

병으로 인한 신체적 고통 즉 아픔은 경험한 사람만 안다. 비교적 간단한 병인 50견도 고통이 수반한다. 나도 60세 초반에 50견이 왔다. 나에게는 50견이 아닌 60견인 셈이었다. 어깨뼈에 통증이 오는데 자다가 돌아눕지 못할 정도로 오른쪽 어깨뼈가 아팠다. 한 밤중에 잠이 깰 정도였다. 그래서 양의와 한의의 치료를 모두 받았다. 다행히 어떻게 된 셈인지 두어 달 아프더니 갑자기 씻은 듯이 나아버렸다. 알다가도 모를 일이다.

암으로 인한 신체적 고통은 우리의 상상을 초월한다. 몇 년 전 저자가 다니는 성당에 어떤 지방의 신부님과 수녀님들이 말기 암 환자를 돌보는 요양원을 만들고 그들을 위한 모금을 하러 왔다. 이를 위해 먼저 요양원 환자들의 생활을 비디오로 찍은 것을 상영하였다. 그 때 필름에서 본 어느 환자의 대답은 아직도 저자의 귓가에 맴돌 정도로 처절했다. 그 환자는 자기의 신체적 고통을 다음과 같이 표현했다. '너무 너무 몸이 아픕니다. 마치 나의 살과 뼈를 누군가가 칼로 도리내는 짓과 같은 신체적 고통이 매일 반복 됩니다'. 나는 이 이야기를 듣고 내가 죽을 때 암에 걸렸어도 신체적 고통이 없이 죽기를 하느님께 기도했다. 아무리 우리가 행복설계를 잘 했다고 하더라도 우리가 죽을 때 고통스러운 병마에 시달린다면 우리가 장엄한 그리고 영광스런 죽음을 맞이할 수 없다.

그런데 우리가 영광스럽게 죽는 것 다시 말하면 고통스러운 병에 걸리지 않는 것은 우리의 뜻대로 되는 것이 아니다. 이것은 신의 뜻이다. 인생이 아이러니한 것은 우리가 외향적 성격이 되고 그래서 행복감을 보다 더 만끽할 수 있는 것은 유전 또는 부모의 양육 탓이다. 즉 어려서 어느 정도 우리가 행복해 질 수 있는가의 여부는 우리 자신의 뜻이 아닌 유전 그리고 부모의 탓에 따라 결정된다. 그런데 우리가 마지막으로 영광스럽게 죽을 수 있느냐의 여부 또한 신의 뜻에 달려 있다.

인생이 어느 정도 불행하고 보람이 없었다 하더라도 노년기에 별 병 없이 눈을 감을 수 있는 사람은 행복한 사람이다. 반대로 아무리 행복한 인생을 보냈다고 해도 노년기에 숙환으로 그리고 고통이 따르는 병으로 고생하는 사람은 그만큼 불행하다. 하느님이 공평하게 역사를 하시는 것 같다. 그러므로 우리는 영광스럽게 생을 마치게 해달라고 신에게 기도할 수밖에 다른 도리가 없다.

최근 우리 사회에서 논란이 되고 있는 말기 암 환자나 식물인간이 된 사람이 영광스럽게 죽을 수 있도록 안락사하는 방법을 우리가 심각하게 고려할 필요가 있다. 식물인간이 된 사람은 자신이 처한 상황을 의식하지 못하므로 그 가족들이 이를 결정하게 내버려두어야 한다. 그리고 일반인들은 미리 유서에 자기가 식물인간이 될 경우 안락사를 시켜달라는 조항을 삽입해 둘 필요가 있다.

우리가 태어날 때는 우리의 의사와는 관계없이 조물주의 혜택으로 태어나지만 우리가 생을 마감할 때는 필요한 경우 자신이 영광스럽게 죽을 수 있는 권리를 가져야 한다. 연로해 도저히 회복될 가능성이 없는 말기환자 특히 그의 신체적 고통이 너무 심한 경우 안락사를 허용하는 방안을 더 심도있게 논의해야 한다. 그래서 우리가 죽을 때 모두 영광스럽게 그리고 편안하게 죽어야 한다.

제 **7** 장

행복의 심리학

　지금까지 독자들은 연령대별로 행복을 어떻게 설계해야 하는지를 살펴보았다. 그런데 나 자신은 지금 얼마나 행복한지가 궁금할 것이다. 행복의 판단은 객관적이기보다는 주관적이다. 즉 돈이 많다고 그리고 지위가 높다고 다 행복한 것은 아니다. 자신이 행복하다고 느끼면 행복한 것이다. 그래서 우리가 행복을 일명 '주관적 안녕'(subjective wellbeing)이라고 부른다. 즉 주관적으로 생각하는 안녕 수준이 바로 개인의 행복수준이다.

　심리학자들은 개인의 행복을 측정하는 데 관심이 많다. 그 이유는 행복이 각자 주관적으로 판단하는 것이지만 그 주관적 판단에 영향을 주는 요인을 객관적으로 연구하기 위해서이다. 예컨대 우리가 지능이 어떤 사람이 높고 지능발달에 영향을 주는 요인이 무엇인가를 연구하려면 무엇보다 먼저 지능을 객관적으로 측정할 수 있어야 한다. 그래서 심리학자들이 주관적 안녕 즉 행복을 측정하는 검사를 만들었다. 여기서는 이 검사를 소개하고자 한다. 그 이유는 독자가 스스로 자신의 행복수준을 한 번 알아보게 하기 위해서다. 그런데 아직 이 검사는 지능검사처럼 한국인의 표준점수가 나와 있지 않다. 표준점수를 구하려면 한국을 대표하는 집단을 선정해서 이들에게 그 설문을 실시하고 그 평균점수를 구해야 한다. 그런데 최근 저자가 이 설문을 가지고 전국의 1200명이 넘는 사람을 대상으로 조사한 바 있다. 저자가 임의로 이들을 선정했기 때문에 이들을 조사한 결과에서 행복표준점수를 구할 수는 없다. 비록 이 결과가 행복의 표준점수를 알려주지는 않지만 그래도 다른 사람들은 어느 정도로 행복점수가 나왔는지를 알 수 있게 해준다. 독자들이 자신의 점수를 다른 사람과 비교할 수 있게 하기 위해 이 조사결과를 제시하기로 한다.

행복심리학자들은 행복(주관적 안녕)을 크게 두 종류로 측정한다. 하나는 삶에 대한 만족도이다. 우리가 자기 삶에 대해 만족하면 행복을 느낀다. 두 번째는 행복감을 직접 조사하는 것이다. 이것은 우리가 얼마나 기쁜가 또는 반대로 얼마나 슬픈가하는 우리의 감정을 측정하는 것이다. 이제 이 두 가지 측정방법에 따른 저자의 조사결과를 소개하기로 한다.

디이너(Diener)라는 심리학자는 다음 표 1에서 보는 바와 같은 5가지 설문을 통해 삶의 만족도를 측정했다. 이 5개 문항은 전반적으로 개인이 자신의 삶에 대해 만족하는지를 다섯 가지 각도에서 측정하는 것이다. 각 문항에 대해 우리는 7점 척도('강한 부정'에서부터 '강한 동의'까지)상에서 반응한다.

조사대상자 1242명이 각 문항에 대해 7점 척도 상에서 어떻게 반응했는가가 표 1에 제시되어 있다. 여러분도 표 1에 제시되어 있는 5가지 설문을 읽어보고 자기의 반응을 7점 척도 상에 한 번 표시해보자. 그리고 자신의 결과를 표 1과 비교해보자.

표 1의 결과를 살펴보자. 조사대상자가 1번 문항 즉 "전반적으로 볼 때 나의 삶은 나의 이상에 가깝다"라는 문항에 대해 '약한 동의'(25.8%)와 '약한 부정'(22.6%)을 제일 많이 선택했다. 이 두 비

율을 합치면(25.8%와 22.6%) 48.4%이다. 즉 조사대상자의 약 절반에 가까운 사람이 '자신의 삶이 이상에 가깝다'라고 약하게 동의하거나 약하게 부정했다. 만일 독자가 이 문항에 대해 '약한 부정' 또는 '약한 긍정'을 했다면 여러분의 삶의 만족도는 대충 '평균 수준이다'라고 해석할 수 있다.

이런 식으로 나머지 4개의 삶의 만족도 측정문항에 대해 자신이 답해보고 이를 표 1의 결과와 비교해 보라. 그러면 독자들은 자신의 삶에 대한 만족도가 어느 수준인가를 알 수 있고 이를 다른 사람과 비교해 볼 수 있다. 물론 디이너의 삶의 만족도의 결과를 절대평가방식으로 해석하는 방법이 있다. 이 설문이 7점 척도인데

표. 1　다섯 가지 삶의 만족도 조사문항별 조사대상자의 빈도 (괄호는 %임)

		강한 부정	부정	약한 부정	부정도 동의도 아님	약한 동의	동의	강한 동의
1.	전반적으로 볼 때, 나의 삶은 나의 이상에 가깝다.	36 (2.9)	202 (16.2)	282 (22.6)	213 (17.1)	322 (25.8)	174 (14.0)	18 (1.4)
2.	내 삶의 상황들은 아주 좋다.	20 (1.6)	152 (12.2)	239 (19.2)	226 (18.1)	346 (27.7)	237 (19.0)	27 (2.2)
3.	나는 내 삶에 만족한다.	24 (1.9)	124 (9.9)	191 (15.3)	184 (14.8)	367 (29.4)	308 (24.7)	49 (3.9)
4.	지금까지 내 삶에서 내가 원하는 중요한 것들을 이루어 냈다.	30 (2.4)	181 (14.5)	218 (17.5)	235 (18.9)	320 (25.7)	223 (17.9)	39 (3.1)
5.	만약 내 삶을 다시 살 수 있더라도, 나는 거의 아무것도 바꾸지 않을 것이다.	199 (15.9)	388 (31.1)	311 (24.9)	138 (11.1)	116 (9.3)	81 (6.5)	14 (1.1)

가운데 즉 '부정도 동의도 아님'에 답한 사람은 그의 삶의 만족도가 그렇고 그런 정도이다. 반면 7점 즉 '강한 동의'에 표한 사람은 자신의 삶을 아주 만족해하는 사람이다.

그런데 삶의 만족도를 측정하는 디이너의 방식은 다섯 가지 문항으로 구성되어있기 때문에 이 들 문항에 대한 결과를 합칠 수가 있다. 그 방법은 5가지 설문 각 각에 대한 응답을 점수를 매기는 것이다. '강한 부정'은 1점, '부정도 동의도 아님'은 4점, 그리고 '강한 동의'는 7점 등으로 배점을 한다. 그리고 5개 설문의 총점을 계산한다. 이 점수의 범위는 7점부터 35점 사이이다.

저자가 성인남녀 1242명을 대상으로 조사한 결과를 보면 남자(648명)의 총점은 19.35(표준편차, 5.83)이다. 여자(594명)의 총점은 20.18(표준편차, 5.75)이다. 여자가 남자보다 약간 더 자신의 삶에 대해 만족했다. 독자도 이 총점을 내보고 저자의 조사결과와 비교해보기 바란다. 만일 여기에 제시된 점수보다 더 낮다면 독자는 일반적으로 더 삶에 대해 불만족하는 것으로 반대로 그 점수가 높다면 다른 사람에 비해 만족하는 것으로 해석할 수 있다. 물론 이와는 달리 절대평가를 내릴 수 있다. 20점 이상이면 그런대로 삶에 만족하는 편이다. 왜냐하면 4점이 중간점수인데(즉 '부정도 동의도 아님')인데 문항수가 5이므로 총점 20점이면 삶의 만족도 5문항 전체에 대해 '부정도 동의도 아님'으로 답한 것이 되기 때문이다.

행 복 의
심 리 학 2
행 복 감

디이너는 행복감을 측정하는 도구를 개발했다. 14개의 문항으로 측정했는데 그 설문내용과 응답방법은 표 2에 제시되어 있다. 각 문항에 대해 9점 척도에서 반응하게 했다. 각 정서 즉 각 문항을 '지난 한 주간 어느 정도로 느꼈는가'를 표시하게 하는데 '항상'(9점)에서부터 '전혀 안 느낌'(1점), 그리고 '시간의 반 정도'(5점)까지이다.

표 2는 저자가 성인남녀 1242명을 대상으로 조사한 결과이다. 독자들도 앞의 표 1의 삶의 만족도에서 답한 바와 같이 각 문항에 응답하고 그 결과를 표 2의 결과와 비교해 보자. 그러면 자신의 행복감 수준을 다른 사람과 비교할 수 있을 것이다.

다음으로 행복감 점수의 총점을 내어 보자. 그런데 행복감을 측정하는 설문 14가지는 기쁨과 슬픔을 조사하는 문항이 뒤섞여 있다. 따라서 이를 두 가지로 나누어 총점을 내어야 한다. 기쁨을 조사하는 문항에는 기쁨, 행복감, 쾌활함, 긍지. 고마움, 사랑의 6가지가 있다. 이들을 합쳐 점수를 산출해 보자. 이 때 최고점수는 6×9

표. 2 다섯 가지 삶의 만족도 조사문항별 조사대상자의 빈도

		전혀 안느낌				시간의 반정도				항상	평균 (sd)
1.	기쁨	16 (1.3)	60 (4.8)	131 (10.6)	121 (9.8)	331 (26.7)	177 (14.3)	291 (23.5)	63 (5.1)	48 (3.9)	5.41 (1.78)
2.	불유쾌함	23 (1.9)	193 (15.7)	303 (24.6)	214 (17.4)	246 (20.0)	120 (9.7)	99 (8.0)	21 (1.7)	13 (1.1)	4.14 (1.70)
3.	행복감	12 (1.0)	59 (4.8)	132 (10.6)	139 (11.2)	286 (23.0)	235 (18.9)	227 (18.3)	103 (8.3)	49 (3.9)	5.46 (1.79)
4.	쾌활함	14 (1.1)	56 (4.5)	136 (11.0)	142 (11.5)	280 (22.7)	214 (17.3)	225 (18.2)	121 (9.8)	47 (3.8)	5.47 (1.82)
5.	슬픔	169 (13.7)	313 (25.4)	216 (17.5)	139 (11.3)	176 (14.3)	88 (7.1)	74 (6.0)	41 (3.3)	16 (1.3)	3.57 (2.02)
6.	화(노여움)	137 (11.1)	300 (24.4)	221 (18.0)	163 (13.2)	160 (13.0)	102 (8.3)	95 (7.7)	34 (2.8)	19 (1.5)	3.71 (2.02)
7.	긍지	62 (5.0)	91 (7.4)	136 (11.0)	169 (13.7)	309 (25.0)	166 (13.4)	174 (14.1)	82 (6.6)	47 (3.8)	4.99 (1.99)
8.	고마움	17 (1.4)	61 (4.9)	113 (9.1)	121 (9.8)	250 (20.1)	226 (18.2)	239 (19.3)	139 (11.2)	75 (6.0)	5.66 (1.90)
9.	사랑	43 (3.5)	75 (6.0)	106 (8.5)	82 (6.6)	211 (17.0)	151 (12.2)	235 (18.9)	185 (14.9)	154 (12.4)	5.89 (2.22)
10.	죄책감	302 (24.4)	329 (26.6)	190 (15.3)	98 (7.9)	155 (12.5)	69 (5.6)	54 (4.4)	22 (1.8)	20 (1.6)	3.10 (2.01)
11.	수치	409 (33.1)	334 (27.0)	173 (14.0)	80 (6.5)	119 (9.6)	55 (4.4)	39 (3.2)	14 (1.1)	13 (1.1)	2.70 (1.88)
12.	걱정	35 (2.8)	92 (7.4)	139 (11.2)	125 (10.1)	194 (15.7)	167 (13.5)	210 (17.0)	163 (13.2)	113 (9.1)	5.57 (2.19)
13.	스트레스	18 (1.5)	97 (7.9)	132 (10.7)	108 (8.8)	203 (16.5)	159 (12.9)	214 (17.4)	179 (14.6)	120 (9.8)	5.71 (2.16)
14.	질투심(이성 관계에서)	477 (38.6)	272 (22.0)	128 (10.4)	66 (5.3)	118 (9.5)	66 (5.3)	55 (4.4)	28 (2.3)	26 (2.1)	2.83 (2.17)

＝54점이 나올 수 있다.

저자가 조사한 연구결과를 보면 남자의 기쁨총점수의 평균은 32.36(표준편차, 8.58)이었고 여자의 경우는 33.45(표준편차, 8.83)이었다. 여기서도 여자가 남자보다 기쁨수준이 더 높았다.

표 2의 설문에서 슬픔에 해당하는 문항은 불유쾌함, 슬픔, 화, 죄책감, 수치, 걱정, 스트레스, 질투심의 8가지이다. 저자의 연구에서 성별에 따라 슬픔 총점을 산출해본 결과 여자는 평균점수가 31.87(표준편차 10.33)이고 남자는 30.82(표준편차, 10.69)였다. 여기서는 남녀의 차가 통계적으로 의미가 없었다. 독자도 자신의 점수도 내어보기 바란다. 슬픔의 총점은 8×9＝72점이다. 자신의 총점을 내어 위의 결과와 비교해 보자. 그리고 절대평가도 내어 보자. 절대평가는 총점을 8로 나눈 것이다. 그러면 9점 척도 상에서 자기의 슬픔에 대한 절대평가수준이 어느 곳인지(9점 만점에 몇 점인지)를 알 수 있다.

이제 우리는 각자 자신의 삶의 만족도 수준과 행복감(기쁨과 슬픔)의 수준을 알아 보았다. 자신이 절대평가에서나 비교평가(저자의 연구결과와의 비교)에서 행복수준이 아주 낮게 나온 사람은 심리학자나 정신과의사, 또는 행복설계사를 만나 볼 필요가 있다. 왜 그렇게 불행한지 그리고 그 불행한 인생을 어떻게 하면 바꿀 수 있는지를 전문가와 상담을 통해 모색하기 바란다. 결국 우리는 행복하기 위해 사는 것이다. 그런데 불행하다면 하루 빨리 행복을 찾아야 한다. 우리는 행복할 권리가 있고 마땅히 행복한 삶을 살아야 한다.

[저자 소개]
서울대학교 문리과대학 심리학과 졸업
서울대학교 대학원 졸업(심리학 전공)
미국하와이주립대학 대학원 졸업(심리학박사)
독일 프랑크푸르트대학 심리학과 교환교수
한국심리학회 회장
연세대학교 문과대학 심리학과 교수
현, 한국사회 및 성격심리학회 이사
　　한국법심리학회 회장
　　한국피해자학회 고문

〈저서 및 역서〉

心理學의 理解(編著)　　　　심리학자가 들여다본 인간시장(저)
인간행동의 이해(공저)　　　사람이해하기(공저)
現代心理學槪論(譯)　　　　 정서심리학(공저)
性格心理學(譯)　　　　　　 연고주의(지)
社會心理學(著)　　　　　　 사회심리학적 안녕(저)
産業 및 組織心理學(譯)　　　심리학 이야기
사회문제와 심리학(저)　　　 가난의 대물림을 어떻게 예방할 것인가
무기력사회, 그 심리적 대처(저)　대학이 변하고 있다
행복의 심리학(저)　　　　　 자서전적 심리학

당신의 행복을 설계해 드립니다

2006년　4월 10일　초판 인쇄
2006년　4월 20일　초판 1쇄발행

저　자　이　　　훈　　　구

발행인　배　　　효　　　선

　처　도서출판　法　文　社

413-832 경기도 파주시 교하읍 문발리 526-3
등　록　1957년 12월 12일/제2-76호(윤)
전　화　(031)955-6500~6　　FAX　(031)955-6525
E-mail　(영업) business@bobmunsa.co.kr
　　　　(편집) edit66@bobmunsa.co.kr
홈페이지 http://www.bobmunsa.co.kr

組版 (주) 성 지 이 디 피

정가 10,000원　　　ISBN 89-18-21051-5